Kasemann
FENG SHUI-Hilfsmittel

Irene Kasemann

FENG SHUI
Hilfsmittel
GEZIELT EINSETZEN

Ryvellus
bei Neue Erde

Stellungnahme des Verlages: Warum wir an der »alten« Rechtschreibung festhalten

Wir halten die »neue« Rechtschreibung für eine Fehlgeburt, und das konnte auch gar nicht anders sein, weil der Ansatz der Reformer war, das Schreiben einfacher zu machen. Wir als Verlag veröffentlichen unsere Bücher aber für Sie, liebe Leserin/lieber Leser – Sie sollen es als Leser einfach haben. Das Lesen und das Verständnis ist bei vielen Regeln der »alten« Rechtschreibung einfacher und klarer. (Denken Sie nur einmal, daß nach der neuen Rechtschreibung, zwei Autoren kein Buch mehr zusammenschreiben können, es hieße dann immer, sie hätten es zusammen geschrieben, auch wenn sie es zusammengeschrieben haben.) Im übrigen sind die neuen Regeln nun auch nicht eben frei von Widersprüchen. Auf Wunsch senden wir Ihnen gerne ein ausführliches Info mit den wichtigsten Ungereimtheiten am »Neuschrieb«.

1 2 3 4 5 6 7 8 9 13 12 11 10 09 08 07 06 05 04 03

Feng Shui-Hilfsmittel gezielt einsetzen
© Irene Kasemann/Neue Erde Verlag GmbH
Alle Rechte vorbehalten.
Abdruck, Vervielfältigung und jegliche Wiedergabe auch auszugsweise
nur mit schriftlicher Genehmigung.

Titelseite: Dragon Design, GB

Illustrationen: Fred Hageneder

Satz und Typographie: Dragon Design, GB

Gesamtherstellung: Legoprint, Lavis

Printed in Italy

ISBN 3-89060-050-6

Ryvellus ist ein Imprint bei NEUE ERDE.

NEUE ERDE Verlag GmbH
Cecilienstr. 29 · 66111 Saarbrücken
Deutschland · Planet Erde
info@neueerde.de · www.neueerde.de

Für Olaf, Moritz und Samuel

Ich widme dieses Buch allen, die sich für ein Leben in Harmonie und Frieden entscheiden und einsetzen.

Inhalt

Mein Haus

Möge es wunderbar sein
von meinem Kopf bis zu meinen Füßen,
möge es wunderbar sein
über mir, dort, wo ich liege,
überall um mich herum
möge es wunderbar sein.
Da ich um mein Haus herumgehe,
möge es wunderbar sein,
diese Bahn des Lichtes.
Möge es wunderbar sein
für meine Kinder,
möge alles gut sein.
Möge es wunderbar sein
zu meiner Nahrung.
Möge alle meine Habe gesegnet sein,
und möge sie wachsen.

Haus-Segensspruch der Navajos

Einleitung

Sowohl bei meiner mehrjährigen internationalen Tätigkeit als Feng Shui-Beraterin als auch in Vorträgen und Seminaren wurde ich immer wieder nach dem für eine spezielle Situation richtigen Feng Shui-Hilfsmittel gefragt. Die Beantwortung dieser Frage ist gar nicht so einfach. Dabei gab und gibt es oft mehrere mögliche Hilfsmittel, die für spezielle Fragestellungen erfolgreich eingesetzt werden könnten. Worin kann also diese Unsicherheit begründet sein?

Ein Teil der Literatur beschreibt die Anwendung klassischer asiatischer Hilfsmittel. Der andere Teil erklärt die auf unseren westlichen Kulturkreis umgesetzten Entsprechungen. Beide Gruppen haben ihre Berechtigung und sind gleichermaßen anwendbar. Die Herausforderung besteht einerseits darin, daß bisher beide Gruppen leider nie gemeinsam beschrieben und in einem Kompendium dargestellt wurden. Andererseits werden die beschriebenen Hilfsmittel immer nur aus einer sehr einseitigen und oft vereinfachten Sichtweise heraus dargestellt. Daraus ergeben sich zum Teil widersprüchliche Aussagen, die ohne das nötige Hintergrundwissen nicht zu verstehen sind und zur beschriebenen Unsicherheit führen können.

Meiner Meinung nach muß ein Buch über Feng Shui-Hilfsmittel jedes einzelne umfassend beschreiben, nach allen Richtlinien des Feng Shui beleuchten und daraus resultierende eindeutige Anwendungs- und Einsatzempfehlungen enthalten.

Am Beginn einer Überlegung, bevor man sich für das richtige Feng Shui-Hilfsmittel entscheiden kann, muß das Problem oder die spezielle Fragestellung erkannt werden.

Was soll verbessert werden und was soll erreicht werden?

Soll z. B. der Energiefluß innerhalb eines Bereiches Ihrer Wohnung oder in Ihrem Büro verbessert werden, weil Ihre Karriere stagniert?

Haben Sie private oder gesundheitliche Probleme, die auf eine Verbesserung warten? Gibt es Probleme in Ihrer Partnerschaft, die angegangen werden sollen? Wünschen Sie sich schon länger vergeblich Nachwuchs? Geht es Ihrer eigenen Firma nicht so gut wie es ihr Ihrer Meinung nach gehen könnte? Kommen Sie mit Ihren privaten oder geschäftlichen Projekten nicht voran? Plagen Sie sich mit Ihren Mitarbeitern, Kollegen und Vorgesetzten mehr als Ihnen lieb ist? Stimmt Ihr Gehalt nicht?

Wie bei all diesen beispielhaften und vielen weiteren Fragestellungen, so soll auch für Ihr Thema die aus Ihrer persönlichen Sicht richtige Lösung gefunden werden, um dann die aus Feng Shui-Sicht richtigen Maßnahmen zu ergreifen und das geeignete Feng Shui-Hilfsmittel anzuwenden.

Ein weiterer wichtiger Faktor für die Wahl des geeigneten Hilfsmittels im privaten, aber besonders auch im Geschäftsbereich ist, daß man sich mit dieser Lösung, mit diesem Hilfsmittel wohlfühlt.

Eine befremdend erscheinende Lösung mag zwar den gewünschten Erfolg erzielen, weil sie ja nach allen Regeln des Feng Shui wirkt, doch kann dieses »Befremden« beim täglichen Anblick unangenehme, störende Empfindungen hervorrufen und daher ganz sicher keine optimale Lösung sein.

So sind für den westlichen, europäischen bzw. amerikanischen Raum so manche traditionelle, asiatische Feng Shui Lösung ungewohnt. Da es in fast allen Fällen auch eine Lösung gibt, die in »unser« westliches Ambiente paßt, sind diese ungewohnten Lösungen in diesen Fällen meist nicht notwendig. Besonders im Büro- und Firmenbereich muß im Feng Shui mit Lösungen bzw. Hilfsmitteln gearbeitet werden, die meist unauffällig und unaufdringlich sind und in das Firmenbild passen.

Ich möchte nochmals betonen, daß typisch asiatische Hilfsmittel in unserem Kulturraum sehr wohl eine Wirkung zeigen und »unsere« Werkzeuge auch im asiatischen Raum. Für die Auswahl der Hilfsmittel ist es nur wichtig, die Zusammenhänge zu verstehen – und den Grund der Wirkung hinter dem einen oder anderen Lösungsvorschlag zu begreifen.

Den Übergang von asiatischem Feng Shui-Wissen zu westlich orientiertem Feng Shui aufzuzeigen und zu erklären, ist ein Ziel dieses Buches.

Der zweite wichtige Grund, dieses Buch zu beginnen war, Klarheit und Verständnis für die scheinbaren Widersprüche bei der Anwendung der Feng Shui-Hilfsmittel zu vermitteln.

Um sich für das richtige Hilfsmittel zu entscheiden, sind immer mehrere Aspekte aus den verschiedenen Teilbereichen des Feng Shui zu beachten. Dafür ist natürlich ein sehr umfangreiches fachliches Wissen unumgänglich. In der vorhandenen Feng Shui-Literatur werden Feng Shui-Hilfsmittel meist aus nur einer Sichtweise empfohlen und dargestellt. Das bedeutet z. B., daß ein Klangspiel aus Metall für den Metallbereich im Haus empfohlen wird, um diesen Bereich zu stärken, ohne die Gesamtsituation zu beachten. Es gibt jedoch oft gute Gründe, eben besser kein Klangspiel, sondern möglicherweise ein ruhendes Objekt aus Metall zu verwenden oder eine weiß blühende Pflanze zu plazieren, da im Gegensatz zu ruhenden Objekten oder Pflanzen ein Klangspiel eine starke Bewegungsenergie hat.

Die einzelnen Feng Shui-Hilfsmittel ausführlich zu beschreiben, auf mögliche Probleme bei deren Verwendung hinzuweisen bzw. Alternativen anzubieten, ist das erklärte Ziel, das ich mir für dieses Buch gestellt habe.

In diesem Buch sind erstmals alle Feng Shui-Hilfsmittel dargestellt. Es ist so aufgebaut, daß es als gut übersichtliches Nachschlagewerk zu verwenden ist.

Mir war eine übersichtliche und klar strukturierte Darstellung genauso wichtig, wie eine ausführliche Beschreibung der traditionellen und westlich orientierten Feng Shui-Hilfsmittel und deren Bedeutung.

An den Beginn des Buches habe ich eine kurze Einführung in die Grundlagen des Feng Shui gestellt, um Ihnen die Möglichkeit zu geben, unter verschiedenen Begriffen, die laufend verwendet werden, nachzusehen und sich zu informieren. Die Erklärung dieser Begriffe, wie Yin und Yang, Chi und Sha, die fünf Elemente, das Bagua, Fehlbereiche und

Projektionen ist bewußt kurz gehalten, da sie nicht eigentlicher Gegenstand des Buches sind. Möchten Sie sich dazu weiter einlesen, möchte ich Sie auf Feng Shui-Bücher verweisen, die diese ausführlich behandeln.

In den Jahren, in denen ich mich mit Feng Shui beschäftigt habe, habe ich sowohl bei westlich orientierten Lehrern als auch bei asiatischen Lehrern und Meistern Feng Shui gelernt.

Diese Art der Ausbildung und das damit verbundene umfangreiche Wissen ist sicher eine Grundlage für die Arbeit als Feng Shui-Beraterin. Doch habe ich während dieser Zeit und dann auch bei meiner Beratungstätigkeit eine Sensitivität, ein gutes Gespür, ein Gefühl für Wirkungen im Feng Shui und somit auch für die Wirkungsweise der verschiedenen Hilfsmittel-Lösungen erlangt.

Es liegt oft eine eigene Spannung in der Entscheidung, ein Hilfsmittel wie zum Beispiel ein Klangspiel auszuwählen, insbesondere dann, wenn die Wahl aus einem Grund getroffen wurde, der nicht rational, sondern nur mit dem sehr feinem Gespür eines uralten Wissens zu begründen ist. Um so schöner ist dann zu sehen, wie sich die Entscheidung als richtig erweist, sich die gewünschte oder erhoffte Wirkung einstellt, sich Situationen ins Positive wandeln oder so mancher Traum wahr wird.

Ich wünsche Ihnen viel Freude und Erfolg in der Verwendung der Feng Shui-Hilfsmittel!

Feng Shui

Geschichte

Die Ursprünge des Feng Shui reichen zurück in die Tang-Dynastie.

Ziel war und ist es, günstige Orte und Plätze ausfindig zu machen, die Glück, Gesundheit und Erfolg versprechen. Ursprünglich war Feng Shui wie unsere westliche Geomantie der Herrscherschicht vorbehalten. Doch auch im Volk wurde Feng Shui mit der Hilfe von Feng Shui-Meistern verwendet, um Gesundheit und Wohlstand zu erlangen.

Die ältesten Aufzeichnungen sind etwa dreieinhalbtausend Jahre alt. Tatsächlich geht das Feng Shui-Wissen wesentlich weiter zurück.

Am Beginn stand das Landschafts-Feng Shui, welches sich mit Landschaftsformationen wie Bergen, Hügeln, Flüssen und Seen beschäftigt.

Dies ist noch immer ein bedeutender Teil im Feng Shui wie es heute angewandt wird.

Diese Strukturen sind von Bedeutung, wenn wir uns das Umfeld genauer ansehen.

Im städtischen und natürlich auch im ländlichen Lebensraum sind, neben den natürlich gewachsenen Strukturen, Nachbarhäuser, Kirchen, Bäume, Stromleitungen, Mobilfunksender und vieles mehr von großer Wichtigkeit.

Sie haben einen großen Einfluß auf unsere Gesundheit und unser gesamtes Leben.

Der zweite Teil des Feng Shui wird als Kompaßschule bezeichnet. Diese basiert auf den acht Trigrammen des I-Ging.

Die Kompaßschule beschreibt den Einfluß der Himmelsrichtungen und integriert die zeitliche Dimension in das Feng Shui.

Hier wird das magische Quadrat, das Lo Shu verwendet. Dazu kommen alle zeitlich orientierten Berechnungen nach Geburtsdaten und das »Feng Shui der fliegenden Sterne«.

Seit dem späten 19. Jahrhundert werden beide Schulen in einer Einheit gesehen und als solche angewandt.

Teile des Ganzen

Es gibt viele verschiedene Aspekte des Feng Shui, die alle ihren Teil zu einem guten Feng Shui beitragen. Nur eine umfassende Sichtweise und die Berücksichtigung der meisten dieser Aspekte können einen ausgewogenen Energiefluß in den verschiedenen Lebensbereichen herbeiführen.

Das Landschafts-Feng Shui beschäftigt sich mit Landschaftsformationen wie Flüssen, Seen, Bergen, Hügeln und im städtischen Lebensraum mit den uns umgebenden Strukturen wie Gebäuden, Dächern, Kirchen, Bäumen und Mobilfunksendern.

Das Gebäude-Feng Shui beschreibt das Gebäude als Energiekörper und dessen Wechselwirkung mit dem Umfeld.

Im Wasser-Feng Shui beschäftigen wir uns mit Wasser, Wassersystemen im Haus und mit Wasser in unserem Umfeld.

Symbole und die Symbolik sind ein großer Bereich und werden im Symbol-Feng Shui angewandt. Die Symbolik ist unter anderem ein Bereich, der im Feng Shui-gerechten Firmenlogo außerordentlich wichtig ist.

Beim Berechnen von persönlichen Richtungen und dem »Feng Shui der Fliegenden Sterne« kommt die zeitliche Dimension dazu.

Wichtig ist in all diesen Bereichen jedoch nicht nur eine genaue und sachliche Berechnung, sondern die Intuition, die sich im intuitiven Feng Shui ausdrückt.

Yin und Yang

Das Yin-Yang-Symbol – Symbol des Gleichgewichts

Das Yin-Yang-Symbol symbolisiert mit dem Kreis das Universum. Es symbolisiert die Vollkommenheit, die Harmonie.

Die beiden Teile, der schwarze mit dem weißen Punkt und der weiße mit dem schwarzen Punkt zeigen, daß das eine nicht ohne das andere existieren kann.

Alles geht ineinander über, nichts existiert in reiner Form. Wo Yin endet, beginnt Yang und umgekehrt. Der optimale Zustand ist der Ausgleich zwischen Yin und Yang.

Im Feng Shui ist das Ziel, diesen Ausgleich zu erreichen, um so ein Leben in Frieden, Glück und Harmonie zu führen.

YIN: Die Yin-Energie ist eine kühle, dunklere, feuchte Energie. Als Yin-Gebäude werden Tempel, Kirchen, Grabmäler gesehen. Sie beeinflussen uns mit ihrer Yin-Energie.

YANG: Die Yang-Energie ist eine warme, kräftige, sonnige Energie. Yang-Gebäude sind alle Wohnhäuser, Schulen, Firmengebäude.

Tritt ein Ungleichgewicht zwischen diesen beiden Seiten auf, so wirkt eine Seite dominanter. Mit dem geeigneten Feng Shui-Hilfsmittel kann dieses Ungleichgewicht in ein Gleichgewicht im Yin und Yang gewandelt werden. Oft beginnt erst dadurch die Energie wieder zu fließen, und Gesundheit und Erfolg stellen sich ein. Sowohl im asiatisch orientierten Feng Shui, als auch in der ganzheitlichen asiatischen Medizin kommt dem Yin-Yang-Aspekt eine sehr große Bedeutung zu.

Folgende Begriffe werden Yin oder Yang zugeordnet:

YIN	YANG
Nacht	Tag
Dunkel	Hell
Nass	Trocken
Kalt	Warm
Kalte Farben	Warme Farben
Weiblich	Männlich
Erde	Himmel
Winter	Sommer
Schwer	Leicht

Die vier himmlischen Tiere

Um ein gutes Feng Shui zu genießen, ist es wichtig, wie der Standort und das Umfeld beschaffen sind. Dies sind die Aspekte die im Landschafts-Feng Shui beschrieben werden.

Entspricht die Umgebung und der Standort des Hauses beziehungsweise des Firmengebäudes allen Feng Shui-Regeln, so wirkt sich das auf die Bewohner oder die Firma sehr positiv aus.

Symbolisch für die entsprechenden Qualitäten der Umgebung stehen die vier himmlischen Tiere. Die Qualitäten beziehen sich auf Erhebungen in unserem Umfeld. Sie werden über Berg- und Hügelformationen beschrieben, die jedoch auch symbolisch für Gebäude, Bäume, Säulen und vieles mehr stehen können.

Die schwarze Schildkröte wird im Norden angesiedelt und symbolisiert mit ihrem Panzer den Berg im Rücken. Sie zeigt den notwendigen Schutz, den wir im Rücken benötigen. Ist dieser Schutz nicht vorhanden, sind wir angreifbar. Wir werden zur Zielscheibe, privat und beruflich, und möglicherweise zum Mobbingopfer oder arbeitslos.

Die Hügel des grünen Drachens liegen im Osten und sollten höher sein als die Hügel des weißen Tigers im Westen.

Nach Süden ausgerichtet soll der rote Phönix flach auslaufen, jedoch mit einem kleinen Hügel, einer kleinen Struktur enden. Sonst verläuft die Energie in die Ebene, und wir verlieren ihre Kraft.

Energiefluß

Alles muss fließen. – Fließt die Energie ausgeglichen in allen Lebens-bereichen, so wirkt sich das positiv auf unser privates und unser beruf-liches Leben aus.

Stagniert der Energiefluß, merken wir das bald sehr deutlich. Auf der körperlichen Ebene haben wir dann oft »keine Energie«, und wir wer-den anfälliger für Krankheiten.

Auf der beruflichen Ebene bemerken wir ein erschwertes Weiterkom-men in der Karriere, und bei unseren Plänen und Projekten müssen wir verstärkt Energie aufwenden, um all das zu schaffen, was jemand, der in einem guten energetischen Umfeld arbeitet, spielend schafft.

Die Energie soll ungehindert durch alle Räume fließen.

Sie soll genug Raum in jeder der neun Baguazonen finden. So werden alle Lebensbereiche energetisch gut versorgt.

Sind ein oder mehrere Zonen eingeschränkt vorhanden oder vollge-stellt, so ist wenig bis gar kein Raum für die wichtige Lebensenergie vor-handen. Wir müssen dann in unserer Gesamtheit die fehlende Energie kompensieren, und das kostet uns natürlich Energie. Die Folge ist, daß wir das kaum schaffen, und so sind diese Lebensbereiche Schattenbe-reiche in unserem Leben. Das kann sich auf unser Fortkommen genauso auswirken wie auf die Partnerschaft, die Kinder, den unerfüllten Wunsch, Kinder zu haben, die Gesundheit und natürlich auf unsere finanzielle Situation.

Chi und Sha

Im Feng Shui geht es im wesentlichen um Energie, die im chinesischen Chi genannt wird. Chi ist der Energiestrom, der sich durch unseren Körper, die Landschaft und durch ein Gebäude zieht.

Chi ist die wohltuende, die förderliche Energie.

Als Sha wird die Form der Energie bezeichnet, die einen schädlichen Einfluß auf uns hat.

Von Sha spricht man, wenn der Chi-Fluß eine Stärke erreicht, die das Chi in eine für uns negative, beeinträchtigende Sha-Energie umkippen läßt.

Das ist der Fall, wenn das Chi zu schnell wird, wie auf Straßen, oder zu stark, wie pfeilartige Strukturen an Dächern, Vordächern, Mauerkanten und vieles mehr.

Hier wird man förmlich abgeschossen. Das führt dann zu Nachbarschaftskonflikten, Streit, Krankheiten, und im Job zu Arbeitsplatzverlust, Mobbing, und dem Schließen von Geschäften und Firmensitzen.

Da man diesem Problem oft nicht ausweichen kann, muß man sich Änderungsmöglichkeiten überlegen. Dazu dienen die unterschiedlichsten Feng Shui-Hilfsmittel. Je nach Situation kann das richtige Hilfsmittel angewandt werden.

Die in diesem Buch beschriebenen Hilfsmittel sind Abhilfen, die das Problem zu einem großen Teil, oft auch ganz aufheben.

Die 5 Elemente

Einen bedeutenden Teil im Feng Shui nehmen die fünf Elemente ein. Vieles, von der Zahlensymbolik bis zu den Baguazonen, wird unter anderem nach den fünf Elementen beurteilt und behandelt.

Sowohl den einzelnen Lebensbereichen als auch den Feng Shui-Hilfsmitteln werden jeweils eines der Elemente zugeordnet. Diese sind bei jedem Hilfsmittel unter »Element« angeführt!

Im Rahmen des Ernährungszyklus können Sie so jede Zone ausgleichen und verbessern.

Sie verwenden entweder das den Zonen eigene Element, indem Sie ein Hilfsmittel anwenden, welches zu diesem Element gehört, oder Sie nehmen das Element, welches das zoneneigene Element nährt.

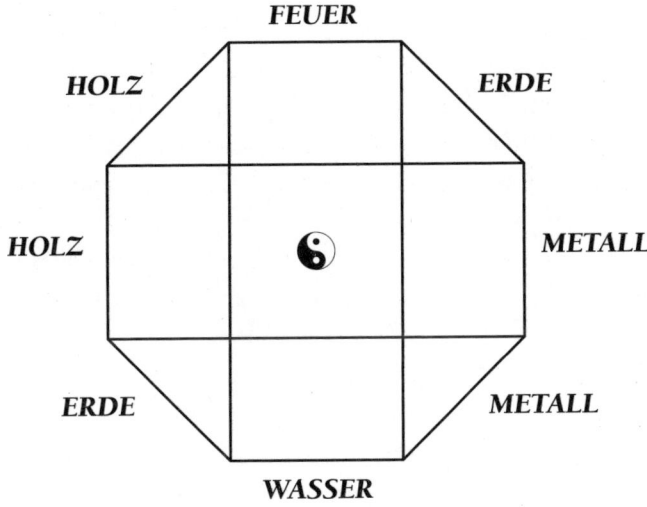

Abbildung 1

Die fünf Elemente sind: Feuer – Erde – Metall – Wasser – Holz

Die Elemente werden nach Farbe, Material und Form beurteilt.

FEUER: werden die Farbe Rot, das Feurige und die spitzen Formen zugeschrieben.

ERDE: werden die Farben Gelb/Braun, Erde, Ton und flache Formen zugeschrieben.

METALL: werden die Farben Weiß/Silber, Metalle und runde Formen zugeschrieben.

WASSER: für Wasser gelten Blau/Blaugrüntöne, Wasser als Element, auch in Abbildungen, und wellige Formen.

HOLZ: für Holz gilt die Farbe Grün, das Material Holz und säulenartige Formen.

Der Elemente-Zyklus

Ich möchte hier einen kurzen Überblick über den fünf Elemente-Zyklus und seine Verwendung geben.
Er besteht aus einem förderlichen und einem hemmenden Zyklus.

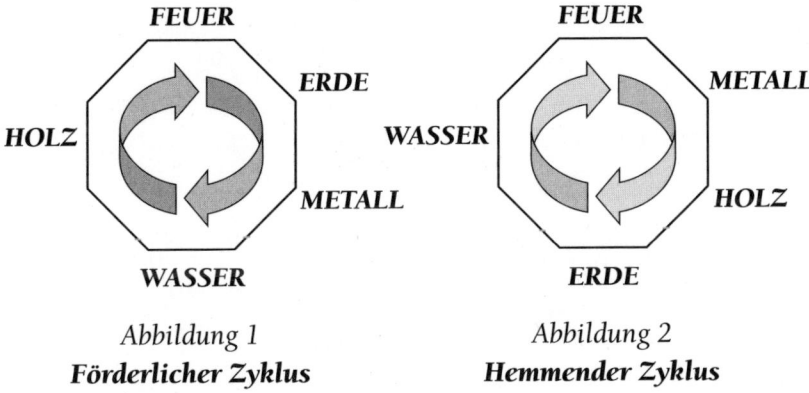

Abbildung 1
Förderlicher Zyklus

Abbildung 2
Hemmender Zyklus

Abb.1: Im fördernden Zyklus nährt ein Element das nächste.
FEUER nährt ERDE
ERDE nährt METALL
METALL nährt WASSER
WASSER nährt HOLZ
HOLZ nährt FEUER

Abb.2: Im hemmenden Zyklus beeinträchtigt ein bestimmtes Element immer ein anders Element, indem es seine Energie schwächt.
METALL schwächt HOLZ
HOLZ schwächt ERDE
ERDE schwächt WASSER
WASSER schwächt FEUER
FEUER schwächt METALL

Wollen Sie zum Beispiel den Partner-Bereich stärken, können Sie dies, da dieser Bereich der ERDE zugeschrieben wird, entweder mit dem Erdelement oder mit dem Feuerelement.

Wollen Sie aber einen Ausgleich bei zu starker Erdenergie herbeiführen, so können Sie mit Vorsicht Holzenergie zuführen oder auch Metallenergie.

Das Bagua

Ein Bereich des Feng Shui beschäftigt sich mit der Berechnung und der Auslegung des Baguas.

Das Bagua ist ein Rasterfeld mit neun Zonen, die Lebensbereiche, Lebensthemen, Körperzonen, Organe und Organsysteme darstellen und beschreiben. Es wird,um diese Zonen genau festzustellen, auf Haus- und Wohnungsgrundrißpläne gelegt, sowie auf Raumpläne. In einem Wohnhaus auf jedes einzelne Stockwerk, in Räumen zum Beispiel auf Büroräume, Praxisräume, Schlafzimmer, Kinderzimmer, Wohnzimmer.

Ich möchte Ihnen hier einen Überblick über das Bagua mit seinen Zonen und deren Bedeutungen geben. Die Zuordnungen aus dem Bereich Gesundheit sind hier auf Grund des Themenschwerpunktes und der Komplexität des Bereiches Feng Shui und Gesundheit nur eingeschränkt möglich.

Das Bagua entwickelte sich aus dem magischen Quadrat, dem Lo Shu. Sie können das Lo Shu auch auf das Bagua legen, und so erhalten Sie viele Zusammenhänge zu den Baguazonen, etwa die dazugehörigen Himmelsrichtungen, die Elemente, die Farben und die Trigramme.

Daraus läßt sich dann auch die geeignete Lösung und das geeignete Feng Shui-Hilfsmittel finden.

In diesem Buch habe ich bei jedem Hilfsmittel unter »Bagua Zone« die geeignete Zone für dieses Hilfsmittel angeführt. Sie können einfach nachsehen und erhalten so die für sie nötige Information.

DAS BAGUA:

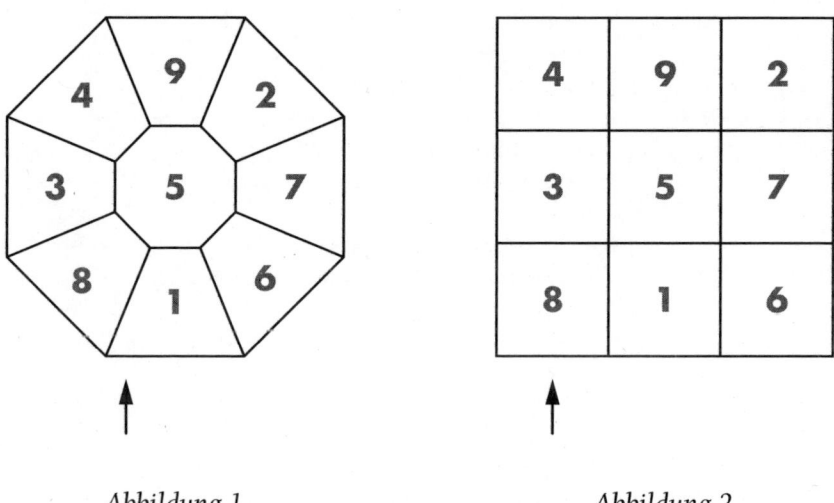

Abbildung 1   Abbildung 2

In Abbildung 1 sehen Sie die ursprüngliche Baguaform, die noch immer
      ihre Gültigkeit hat. In vielen Kulturen findet sich diese Form
      wieder.
In Abbildung 2 habe ich das vereinfachte Raster dargestellt. Die Zahlen
      im Feld entsprechen den einzelnen Zonen.
Der Pfeil zeigt die Auslegerichtung.

(Tabelle nächste Seite)

Zone/ Gua	Bezeichnung	Themen	Element	Farbe	Entsprechende Organe
1	WASSER	Lebensweg, Karriere	Wasser	blau/ blaugrün	Niere, Ohr
2	ERDE	Partnerschaft, Beziehungen, weiblicher Energiebereich	Erde	gelb	Magen, Mund
4	WIND	Reichtum, männlicher Energiebereich	Holz	grün	Gallenblase, Rücken
5	ZENTRUM	Lebensenergie, Immunsystem	Erde	gelb	–
6	HIMMEL	Hilfreiche Freunde, Vorgesetzte, männlicher Energiebereich	Metall	weiß, silber, grau	Dickdarm, Kopf
7	KINDER	Projekte, Kinder	Metall	weiß, silber, grau	Lunge, Nase
8	BERG	Wissen, Kontemplation, weiblicher Energiebereich	Erde	gelb	Milz, Muskeln, Hormonsystem
9	FEUER	Ruhm, Ansehen	Feuer	rot	Herz, Dünndarm

Das Bagua wird so auf Ihren Hausplan gelegt, daß der Eingang an der Linie 8, 1, 6 liegt.

In diese Richtung wird das Bagua ausgerichtet (siehe Pfeil, Abb. S. 27). So können Sie erkennen, wo in Ihrem Haus welcher Bereich liegt.

Fehlbereiche und Projektionen

Ein Fehlbereich bedeutet, daß Ihnen im Bagua ein Teil eines Bereiches oder ein Teil mehrerer Bereiche fehlen. Das heißt, diese Zone zeigt eine eingeschränkte Energie.

Je nachdem, wie viel von dieser Zone fehlt, wirkt sich dieses Manko in Ihrem Leben, in diesem Bereich aus. Das können gesundheitliche Themen sein, eine fehlende Partnerschaft, Probleme in der Karriere und vieles mehr.

Aber nicht nur ein Fehlbereich kann die Energie schwächen, sondern auch verstellte Bereiche oder Stauräume, Abflüsse oder Treppen. Oder die Zone ist so gestaltet, daß die Energie zum Beispiel durch die Dominanz eines Elementes gedrückt wird. Es kann sehr viele Gründe geben, warum es in einem Lebens- oder Gesundheitsbereich Probleme gibt. Der Fehlbereich ist nur einer dieser Gründe.

Eine Projektion bedeutet, das Sie verstärkt die Energie dieser Zone zur Verfügung haben.

Sie haben in diesen Bereichen eine gute Ausgangsposition. Sind die Zonen gut gestaltet, so werden sie in diesen Lebensbereichen wahrscheinlich erfolgreich sein.

Diese Berechnung gilt sowohl für den Gesamtgrundriß des Hauses, der Wohnung, als auch für einzelne Räume.

1. Schritt:
Haben Sie die Richtung des Baguas festgelegt, können Sie feststellen, ob aus dem Grundriß Ecken hervortreten. Haben Sie einen regelmäßigen Grundriß ohne vortretende Teile, ist das Bagua vollständig vorhanden. Ist dies nicht der Fall, gehen Sie zu Schritt 2.

2. Schritt
Messen Sie die Seiten des Grundrisses aus. Ist eine der beiden Seiten, die den Vorsprung zeigen, länger als 50 Prozent oder exakt 50 Prozent

der Gesamtlänge der Seite, so ergibt dieser Grundriß einen Fehlbereich (siehe Abb. 1 und Abb. 2).

Ist die Länge der Seite weniger als 50 Prozent, haben Sie eine Projektion (siehe Abb.3).

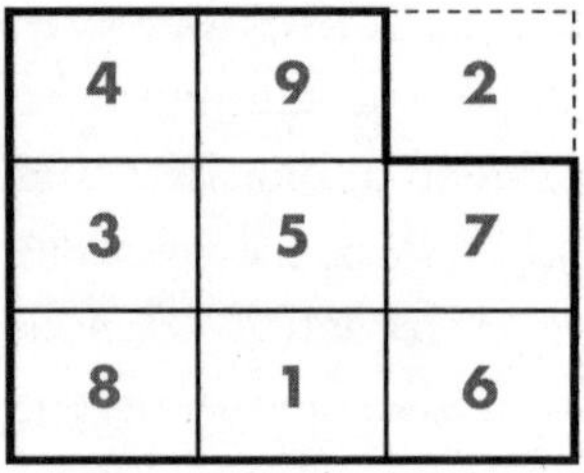

Abb.1: Hier sehen Sie in diesem vereinfachten Grundriß, daß der herausragende Teil des Grundrisses mehr als 50 Prozent der Gesamtlänge ausmacht. Daraus ergibt sich in der Zone 2 ein Fehlbereich.

Das bedeutet, daß die Zone 2 Partnerschaft nicht vorhanden ist.

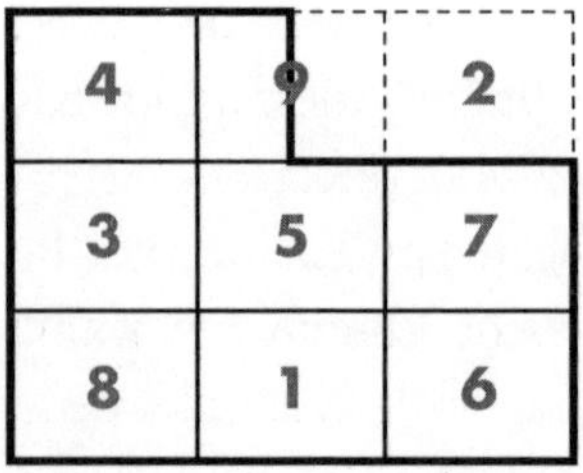

Abb.2: In diesem Grundriß beträgt die Länge der Kante exakt 50 Prozent. Daraus ergibt sich ebenfalls ein Fehlbereich.

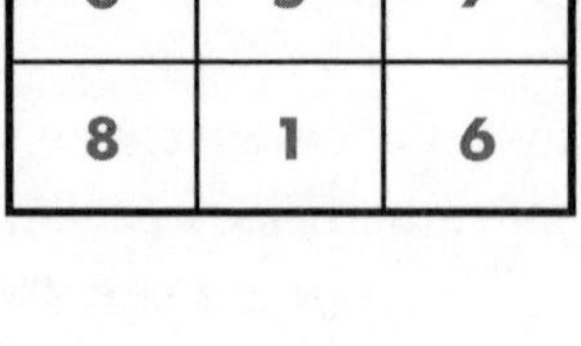

Abb.3: Hier sind im Bagua alle Zonen vollständig vorhanden.

Die Feng Shui-Hilfsmittel

Feng Shui-Hilfsmittel sind Objekte, die nach ihrer jeweiligen Bedeutung und Wirkung in Räumen aber auch im Garten und anderen Freiräumen plaziert werden.

Sie dienen zur Abschwächung negativer Energien, zu deren Zerstreuung oder Aufhebung. Sie dienen jedoch auch zur Förderung positiver Energie in der entsprechenden Zone und Lebenssituation. Ein Feng Shui-gerechtes Umfeld muß nicht unbedingt mit typischen Feng Shui-Hilfsmitteln gestaltet und dekoriert sein, um dem Eigentümer Erfolg und Gesundheit zu ermöglichen. Doch ist es eine schöne und sehr wirksame Möglichkeit, Gesundheit, Erfolg und Ausgewogenheit herzustellen.

Oft ist auch das eine oder andere Hilfsmittel notwendig, um ein Problem zu beheben oder einen gewünschten Effekt zu erzielen. Das zeigt sich im »Feng Shui der Fliegenden Sterne« auf ganz besondere Weise. Hier sind die nötigen Hinweise bei den entsprechenden Hilfsmitteln angeführt.

Ich habe alle Feng Shui-Hilfsmittel in einer sehr komplexen Weise dargestellt, um Ihnen so die Möglichkeit zu geben, »nachzuschlagen« und unter dem für Sie interessanten und wichtigen Hilfsmittel eine umfassende Beschreibung über dieses Werkzeug und seine Einsatzmöglichkeit zu finden.

Jedes Hilfsmittel wird dem jeweiligen Material, Farbe, Element, Baguazone, Bereich im Haus, im Garten, Himmelsrichtung, Symbolgehalt und Yin-Yang zugeordnet.

Weiter gibt es einen Verweis »Vorsicht«, in welchem vor Fehlverwendung und den sich daraus ergebenden Auswirkungen gewarnt wird.

Ich wünsche Ihnen viel Freude und Erfolg in der Verwendung der Feng Shui-Hilfsmittel!

Spiegel

Über das Hilfsmittel

Spiegel haben im Feng Shui von alters her eine große Wichtigkeit. Sowohl in der asiatischen Geomantie als auch in der westlichen Geomantie wurden Spiegel gezielt angewandt. Auch in vielen Märchen ist der Spiegel ein wichtiges und symbolträchtiges Werkzeug.

Symbolgehalt

Spiegeln wurden und wird eine »magische Wirkung« zugesagt. Den Hinweis auf seine magische Wirkung finden wir in vielen Märchen und Geschichten aus allen Ländern. Die Wirkung im Feng Shui ist nicht magisch sondern logisch zu erklären.

Wirkung

Allgemein: Ein Spiegel hat im Feng Shui genau die Wirkung, die ich sehe, wenn ich in einen Spiegel hineinsehe: Er reflektiert mein Spiegelbild und gibt einen Eindruck von Weite.

Speziell: Der Spiegel reflektiert, d. h. er schickt z. B. negative Energie zurück. Er schickt natürlich auch alle positiven Energien retour, deshalb sollte ein Spiegel nicht innen im Haus gegenüber der Eingangstüre angebracht sein, da so alle Chancen und Möglichkeiten wieder aus dem Haus reflektiert werden.

Sind Sie von Sha-Energie, die auf Ihre Eingangstüre weist, betroffen, sollten Sie sich gut überlegen, ob Sie diese Energie mit einem Spiegel direkt zurückschicken möchten. So senden Sie letztlich ebenfalls negative Energie aus und werden auf Grund des Resonanzgesetzes möglicherweise mit den negativen Auswirkungen dieser Handlung konfrontiert werden.

Haben Sie einen Fehlbereich in Ihrem Haus oder in Ihrem Büro, so können Sie diesen durch die raumerweiternde Wirkung eines Spiegels ausgleichen.

Sie bringen den Spiegel so an, daß er den Fehlbereich optisch erweitert bzw. ersetzt. So entsteht hinter der Wand ein imaginärer Raum – doch ein Hauch Magie?

Dies ist eine der wirksamsten Hilfsmittel oder Lösungen im Feng Shui! So können fast vollständig fehlende Zonen wieder in das Haus und damit in den jeweiligen Lebensbereich integriert werden.

So läßt sich aus einer »Singlewohnung«, das ist eine Wohnung, in der es auf Grund des Grundrisses kaum möglich ist, daß eine Partnerschaft gelingt, ein Heim für eine funktionierende Partnerschaft gestalten. Eine stagnierende Karriere kann wieder neuen Schwung bekommen, und so manches gesundheitliches Problem kann behoben werden.

Im Haus: Spiegel sind innerhalb des Hauses eine sehr effektive Lösung bei zu engen Räumen – sie erweitern optisch und sie gleichen Fehlbereiche aus. Mit der Hilfe von Spiegeln läßt sich auch Energie und Licht in ein nächstes Stockwerk oder durch Räume leiten. Auch kann man sich ein aus energetischer Sicht positives »Vis-a-Vis« ins Haus holen wie ein Gewässer oder einen schönen Garten.

In jedem Haushalt sollte zumindest ein Spiegel vorhanden sein, in dem man sich ganz sehen kann. Das gilt natürlich für die »großen und kleinen« Bewohner. Wenn dies nicht der Fall ist, entsteht langsam aber sicher ein unklares Bild von uns, und eine mögliche Folge ist Unsicherheit! Auch sollten Spiegel in einer Höhe hängen, in der die Köpfe nicht von oben oder unten »abgeschnitten« werden. Manchmal ist diese Situation ein Grund für Augendruck und Kopfschmerzen!

Achten Sie auch darauf, wenn Sie Spiegelkacheln verwenden, daß diese als Dekoration eingesetzt werden und nicht um sich jeden Tag ausschließlich darin zu betrachten. Sie würden Ihr Spiegelbild immer zerstückelt sehen und so langfristig ebenfalls ein unklares Bild von sich erhalten. Das kann in schweren Fällen zu einem »Splitting-Thema« führen mit den unterschiedlichsten Auswirkungen.

Im Garten: Selten bis gar nicht. Siehe *Vorsicht*.

Zuordnung

Material: Glas

Farbe: Farblos, Sie können jedoch einen Farbeffekt erzielen, indem Sie die Rahmenfarbe so wählen, daß sie förderlich für den Bereich ist, in welchem der Spiegel angebracht wird. Zum Beispiel einen roten Rahmen für den Feuerbereich – die Baguazone 9 ; weiß oder metallfarben für Bereiche, in welchen des Metallelement gefördert werden sollte.

Element: Wasser

Bagua Zone: 1 - 9

Himmelsrichtung: Jede

Yin-Yang: Yang

Vorsicht

Spiegel sollten nicht gegenüber von WC und Bad angebracht werden, da er das Problem der Abflüsse in dem Haus verdoppelt und zusätzlich das Thema Abfluß in einen zweiten Bereich holt.

Baguaspiegel sollten niemals im inneren des Hauses verwendet werden, da dadurch die Unfallgefahr steigen kann und ihm Unglück nachgesagt wird.

Spiegel im Schlafzimmer sind aus mehreren Gründen mit Vorsicht zu verwenden. Da sie einen Unruhefaktor darstellen können, sollten sie nicht direkt auf den Schlafenden zeigen. Sie reflektieren möglicherweise einen Teil unserer Persönlichkeit, welcher in der Schlafphase zu wenig Ruhe bekommt.

Aus radiästhetischer Sicht lenken und reflektieren Spiegel eventuelle Wasseradern und sind so in beiden Fällen ein möglicher Faktor für Schlafstörungen und Krankheiten.

Im Feng Shui können Spiegel im Schlafzimmer auch ein Trennungsgrund in einer Partnerschaft sein.

Wenn Sie einen Spiegel im Schlafzimmer haben und keines dieser Probleme haben, heißt das jetzt nicht, daß Sie den Spiegel entfernen müssen! Seien Sie lediglich wachsam und achten Sie auf Veränderungen in den angesprochenen Punkten!

Sind Sie sich nicht sicher, hängen Sie den Spiegel ein paar Tage ab oder verhängen Sie ihn, wenn er sich nicht abnehmen läßt! Achten Sie auf die Auswirkungen oder Änderungen, die sich ergeben. Aus dieser »Erfahrung« läßt sich dann die richtige Schlußfolgerung ziehen.

Für das Kinderzimmer gelten als Schlafraum dieselben Kriterien wie für das Schlafzimmer! – siehe *Alternative*.

Alternative

Bei Sha auf Haustüre: verwenden Sie Konkavspiegel, um so die negative Energie zu zerstreuen und »sanfter« zurückzusenden.

Dafür eignen sich auch abgerundete Schilder, Rosenkugeln und Kristalle.

Bei Fehlbereichen: Als Alternative zum Spiegel können Sie auch Pflanzen oder Kristalle verwenden. Siehe →Pflanzen, →Kristalle.

Diese Objekte eignen sich gut in Schlafräumen. Auch wenn statt einer Wand ein Fenster zu einem Fehlbereich weist und es so nicht möglich ist, einen Spiegel anzubringen, können Sie mit Pflanzen und Kristallen gute Ergebnisse erzielen.

Rosenkugeln

Über das Hilfsmittel

Rosenkugeln sind im Feng Shui eine gute und effektive Alternative zu einem Spiegel – siehe »Spiegel«. Sie wurden und werden in Gärten, in Blumenbeeten, meist in Rosenbeeten (daher der Name Rosenkugel) plaziert.

Symbolgehalt

Sowohl ein Spiegel als auch die Kugel haben eine alte und meist magische Bedeutung. Im Feng Shui werden sie und sollten sie immer in einer harmonisierenden Weise verwendet werden.

Wirkung

Allgemein: Harmonisierend, reflektierend
Speziell: Rosenkugeln haben eine leicht spiegelnde Wirkung, vorausgesetzt, sie sind aus Glas bzw. sie haben eine spiegelnde Glasur.

Ein weiteres Merkmal ist, sie sind rund, das heißt, sie spiegeln nicht in einer geraden Linie zurück wie ein Spiegel, sondern sie streuen in ein weiteres Umfeld ab. Daher sind sie besonders gut geeignet, negative Energie abzuwenden, ohne die ankommende Energie direkt zurückzuschicken. Dies ist eine sanftere Methode, sich vor negativer Energie zu schützen, da die Energie gestreut wird. Oft ist es notwendig, »angreifende« Strukturen abzuwehren, um sich, seine Familie oder sein Geschäft zu schützen. Auf Grund des Resonanzgesetzes kommt das, was wir aussenden, zu uns zurück, und selbst wenn wir zu unserem Schutz die angreifende Sha-Energie abhalten müssen, ist es so, daß wir durch das Reflektieren der Energie letztlich diese Energie auch aussenden! Deshalb eignet sie sich auch sehr gut als Alternative zum Spiegel.

Im Haus: Sie können Rosenkugeln auch im Haus zum Beispiel in Blumentöpfen verwenden. Ein Platz, an dem sie sich besonders gut bewährt haben, ist das Fensterbrett. Sie können die Rosenkugel in einen Blumentopf oder in eine Balkonkiste stecken. Das ist eine gute Alternative, wenn Sie keinen Garten besitzen. Auch bei Nachbarschaftsproblemen, die sich in einem höheren Stockwerk auswirken, haben Rosenkugeln eine buchstäblich »wunderbare« Auswirkung. Sie schicken sanft aber sicher etwas von der ankommenden Energie, wie Lärm, Streit usw. zurück, und das stört (natürlich) denjenigen, der diesen Störfaktor aussendet. Die Belästigung wird stark eingeschränkt.

Im Garten: Rosenkugeln sind besonders für die Verwendung im Garten geeignet.

Hier gelten die gleichen Faktoren wie zuvor beschrieben.

Oft laufen Straßen direkt auf eine Eingangstüre zu, dabei kommt es zu sehr starker Sha-Energie.

Läuft die Straße auf ein Wohnhaus zu, kommt es leichter zu Krankheiten und Unfällen. Auch die Karriere der Bewohner wird »abgeschossen«.

Läuft die Straße auf ein Geschäftslokal oder ein Firmengebäude zu, ist die Wahrscheinlichkeit sehr groß, daß dieses nicht sehr lange existiert.

Rosenkugeln sind eine Möglichkeit, dieses Thema abzuschwächen oder zu beheben.

Zuordnung

Material: meist Glas, es gibt jedoch auch Keramikkugeln, die aber eine schwächer spiegelnde Wirkung haben.

Farbe: In allen Farben erhältlich

Element: Wasser/Metall. Das Material Glas wird dem Element Wasser zugeordnet, die runde Form dem Element Metall. Je nach Farbe und Aussehen tendiert die Rosenkugel dann zu dem einen Element mehr als zu dem anderen.

Sie können durch die Wahl der Farbe auch jeden Bereich in Ihrem Garten positiv stärken. So können Sie mit einer roten Rosenkugel zum Beispiel den Süden oder den Feuerbereich verbessern. Vergewissern Sie sich aber, ob nicht ein gewichtiger Grund (siehe *Vorsicht*) dagegenspricht!

Bagua Zone: 1 - 9

Himmelsrichtung: Jede

Yin Yang: Yang

Vorsicht

Tauschen Sie kaputte und bereits unansehnlich gewordene Kugeln aus.

Beachten Sie, ob es einen Grund gegen das Plazieren der Rosenkugel gibt.

So kann möglicherweise ein Stern aus dem »Feng Shui der fliegenden Sterne« – dem »Flying Star Feng Shui« eine so wichtige Bedeutung haben, daß es nicht optimal ist, die Rosenkugel zum Beispiel in der Farbe der entsprechende Baguazone zu verwenden. (Siehe Anhang!)

Alternative

Aus Feng Shui-Sicht kann man mit einer Rosenkugel kaum etwas falsch machen. Wenn ein Stern des Flying Star gegen die Plazierung in der passenden Farbe spricht, prüfen Sie, ob sich eine andere Farbe anbietet. Meist ist dies der Fall.

Kristalle

Über das Hilfsmittel

Kristalle gibt es in mehreren Formen, sie haben daher einerseits unterschiedliche Bedeutungen, andererseits werden sie in den gleichen oder ähnlichen Situationen angewendet.

Ich möchte hier im Rahmen des Feng Shui drei Arten von Kristallen beschreiben:

Gewachsene Bergkristalle
Geschliffene Bergkristalle – Regenbogenkristalle
Geschliffene Glaskristalle – Regenbogenkristalle

Symbolgehalt

Kristalle haben eine vielfältige Symbolik. Sie kommen in vielen Märchen und Mythen vor und haben immer etwas »Zauberhaftes« an sich.

Dort kann man sich in einem Kristall etwas wünschen, in der klaren Kristallkugel die Zukunft sehen, oder es befinden sich Seelen oder weise Wesen im Inneren des Kristalls.

Was für Sie jetzt noch Gültigkeit hat, möchte ich Ihnen überlassen!

Wirkung

Allgemein: Kristalle verstärken die vorhandene Energie, und sie halten negative Energie ab.

Speziell: *Die verstärkende Wirkung der Kristalle:*

Kristalle verstärken, vermehren die Energie eines Platzes. Wenn Sie einen Fehlbereich haben oder der Platz nicht optimal besetzt ist, können Sie einen Kristall aufstellen oder einen Regenbogenkristall aufhängen, um so mehr Energie an diesen Platz zu bekommen.

Die abhaltende Wirkung der Kristalle:

Kommt auf Ihr Fenster negative Energie zu, so halten Kristalle einen Teil dieser Energie ab. Hier gibt es sehr gute Erfahrungen mit Bergkristallen.

Auch habe ich in Beratungen mit Bergkristallen gute Erfahrungen gemacht, wenn ein Mobilfunksender für Schlafstörungen sorgt. Umgekehrt halten sie auch Energie von innen ab, wenn diese zu entweichen droht. Zum Beispiel, wenn Sie einen sogenannten Energiedurchzug in Ihrem Haus oder in Ihrem Büro haben.

Immer sollten Kristalle regelmäßig energetisch gereinigt werden. Eine sehr gute Methode ist, sie im lauwarmen Wasser abzuwaschen. Bergkristallen tut es auch gut, wenn sie auf die Erde oder in die Wiese gelegt werden.

Kristalle/Bergkristalle sollten mit großem Respekt und Dankbarkeit behandelt werden.

Im Haus: An einem Nylonfaden in ein Fenster gehängt, wirkt ein Regenbogenkristall, wenn die Sonne durch das Fenster scheint, besonders schön. Dann zaubert der Kristall mit dem Sonnenlicht (durch die Lichtbrechung) kleine Regenbogen an die Wände – daher auch der Name: Regenbogenkristall.

Naturkristalle können, wenn unter »Vorsicht« nicht anders angegeben, überall aufgestellt werden.

Nicht so geeignet ist er z.B. zu nahe am Bett. Seine Energie kann zu stark sein und für Schlafstörungen sorgen.

Im Garten: Selten, aber möglich.

Zuordnung

Material: Bergkristall oder Glaskristall – Glas
Farbe: Bergkristall: farblos
      Glaskristall: farblos und seit einiger Zeit auch in mehreren Farben
      erhältlich
Element: Erde
Bagua Zone: 1 - 9 Besonders für die Baguazonen: 2, 3, 4, 6, 7, 8, 9
Himmelsrichtung: Jede
Yin-Yang: Yang

Vorsicht

Verwenden Sie Kristalle am besten erst nach einer energetischen Reinigung Ihres Hauses. Kristalle nehmen die Energien aus der Umgebung und des Platzes auf, die zu diesem Zeitpunkt dort vorhanden sind.

Das bedeutet, wenn Sie zum Beispiel den Erdebereich oder die Partnerzone verbessern möchten, weil Sie Probleme in Ihrer Partnerschaft haben oder einen Partner suchen und einer der Gründe ein eingeschränkter Partnerbereich ist, dann verstärken Sie die vorhandene Energie, und die kann belastet sein. Sie verstärken so möglicherweise die aktuelle Situation, statt sie zu verbessern. Achten Sie auch darauf, nicht zu viele Kristalle aufzuhängen oder zu viele Feng Shui-Hilfsmittel gleichzeitig anzubringen. Gehen Sie lieber Schritt für Schritt vor und beobachten Sie, was sich verändert.

Alternative

Haben Sie einen Fehlbereich, können Sie einen → Spiegel verwenden.

Sie können auch, um einen Bereich zu stärken, → Pflanzen verwenden. Diese sind eine wunderbare Lösung, und Sie können kaum etwas falsch machen.

Licht

Über das Hilfsmittel
Licht ist eines der wirksamsten Feng Shui-Hilfsmittel. Mit der Hilfe von Licht kann man Energie in alle Zonen und Bereiche des Hauses bringen.

Symbolgehalt
Licht symbolisiert: Energie, Helligkeit, Erleuchtung – Weisheit, Ideen, und es steht körperlich oft in Zusammenhang mit den Augen.

Wirkung
Allgemein: Energiebringer
Speziell: Licht ist ein sehr wertvolles Mittel, um Energie zu leiten und energielosen, »toten« Winkeln wieder Leben einzuhauchen.

Ich verwende Licht sehr gerne, da sich wunderbare Effekte erzielen lassen.

Besonders im Bereich Firmen- und Büro-Feng Shui kann ich Licht sehr effektiv einsetzen, um den Mitarbeitern mehr Energie zur Verfügung zu stellen.

Ein weiterer Vorteil, wenn ich mit Beleuchtung arbeite, ist, daß ich so sehr unauffällig gutes Feng Shui in Firmen und an Arbeitsplätze bringen kann. Viele Firmen wollen nicht für jedermann sichtbar zeigen, daß sie mit Feng Shui-Wissen arbeiten oder wollen keine »typischen« Feng Shui-Hilfsmittel aufhängen.

Im Haus: Sehr positiv wirkt sich eine gute Außenbeleuchtung aus. Sie ist Wegweiser und Sicherheitsfaktor gleichzeitig.

Im Inneren des Hauses sollten der Eingangsbereich und die Räume, die sie gerade benutzen, gut ausgeleuchtet sein. Zu wenig Licht = Energie in Innenräumen fördert das Gefühl, »zu wenig Energie« zu haben.

Dunkle Bereiche, zum Beispiel im Zentrum fördern dieses Gefühl und somit auch die Häufigkeit von Krankheiten. Je nach Zone, deren Bedeutungen und körperlichen Zuordnungen wirkt sich der Energiemangel aus.

Auch das Gefühl von Enge in schmalen Abschnitten, meist in Gängen kann mit der richtigen Ausleuchtung gut behoben werden.

Die Beleuchtung sollte immer der momentanen Situation angepasst werden können. Deshalb ist es sehr von Vorteil verschiedenartige Beleuchtungskörper zu verwenden. So können Sie dosiert Licht einsetzen.

Selbstverständlich ist natürliches Licht, Sonnenlicht, künstlichem Licht vorzuziehen.

Eine wunderbare Lichtquelle ist natürlich das Kerzenlicht. Zur Meditation, für gemütliche Stunden, und um den Tag ruhig ausklingen zu lassen.

Im Garten: Im Garten läßt sich mit Licht wunderbar arbeiten. Sie können Lichtquellen punktuell einsetzen, um gezielt in Bereiche Ihres Gartens Energie zu leiten.

So bringen Sie die Energie zum Fließen und aktivieren Zonen, die weniger gut besetzt sind.

Sie können mit einer oder mehreren Lichtquellen auch auf einen bestimmten Punkt aufmerksam machen.

Dies ist eine gute Lösung, wenn Sie im Hausgrundriß einen Fehlbereich haben. Oft entsteht so ein Fehlbereich auf Grund einer in den

Grundriß des Hauses eingeplanten Terrasse oder eines Balkons. Sie können diese Lösung auf einer Terrasse genauso wie auf einem Balkon anwenden.

Sie plazieren das Licht als Ausgleich zu dem fehlenden Teil des Gebäudegrundrisses in den verlängerten Linien der Gebäudekanten.

Dieser Lichteffekt wirkt wie ein Akupunkturpunkt und gleicht so die fehlende Ecke zu einem Teil aus.

Zuordnung

Material: –
Farbe: Meist weiß
Element: Feuer
Bagua Zone: 1 - 9
Himmelsrichtung: Jede
Yin-Yang: Yang

Vorsicht

Zuviel Energie kann das Gleichgewicht stören. Zu helle Lichtquellen beinträchtigen mehr als sie nützen. Ein zu starker Licht/Schatten-Übergang kann Unruhe erzeugen.

Vorsicht ist bei Halogenlampen geboten. Diese haben ein sehr starkes punktuell strahlendes Licht, welches den Körper und unsere Aura (körperliches Energiefeld) möglicherweise schädigen kann.

Besonders für den Arbeitsplatz gilt: eine ausreichende, gute aber keine grelle Beleuchtung.

Alternative

–

Mobile

Über das Hilfsmittel

Mobile sind sehr schöne, meist zarte Objekte. Ihrer Vielfalt sind keine Grenzen gesetzt. Sie sind in vielen Varianten erhältlich, mit Delphinen, Kristallen, Schiffen, Fischen u.v.m..Eine persönliche Möglichkeit, ein Mobile zu gestalten, ist, die Objekte selbst auszusuchen oder welche zu basteln.

Für Haushalte mit Kindern, für Kindergärten, Schulen aber auch Krankenhäuser ist die Gestaltung von Mobile durch Kinder eine besonders freundliche Angelegenheit und bringt sicher gute Energie.

Symbolgehalt

Ihre Symbolik ist von den Objekten, die am Mobile angebracht sind, abhängig.

Wirkung

Allgemein: Verteilen und bremsen den Energiefluß.

Speziell: Mobile verteilen und bremsen die Energie.

Sie können mit Hilfe eines Mobiles den Energiefluß, wenn dieser eine Sha-Energie darstellt, bremsen.

Wollen sie die förderliche Energie von einem längeren Gang in Räume links und rechts verteilen, so eignen sich dazu unter anderem auch Mobile.

Sie werten aber auch weniger belebte Winkel auf und bringen durch Bewegung Energie zu den einzelnen Plätzen.

Besonders Ecken, in welchen die Energie stagniert, können durch Bewegung und Blickfang durch die meist 7 - 9 Objekte belebt und aktiviert werden.

Im Haus: Wenn Sie in einer direkten Tür-Fensterlinie zum Beispiel ein Mobile hängen, so hindern sie die Energie, die bei der Eingangstüre hereinkommt, daran, gleich wieder ungenutzt aus dem Fenster zu entweichen.

Das Mobile sollte natürlich so angebracht sein, daß es nicht im Weg hängt und Sie nicht jedesmal beim Vorbeigehen anstoßen.

Im Haus können Sie Mobile mit den Objekten verwenden, die in die jeweilige Zone passen, in der Sie das Mobile aufhängen wollen.

So passen Kristalle zum Beispiel sehr gut in die 9. Zone.

Sowohl die 9. Zone als auch Kristalle korrespondieren mit den Themen Weisheit, Wissen und Klarheit.

Sie können die Anzahl der Objekte, meist sind es 7 oder 9, auch gezielt zur Förderung der Situation an diesem Platz einsetzen.

Im Garten: Mobile werden im Garten selten verwendet, da sie für Wind und Wetter nicht geeignet sind.

Zuordnung

Material: Das Material liegt an den verwendeten Objekten.
Farbe: In allen Farben zu verwenden
Element: Das Element hängt vom Objekt ab. Ein Mobile mit Kristallen hat das Element und die Energie der Kristalle.

Bagua Zone: 4, 6, 9 mit Vorsicht. In den Zonen:2, 3, 5, 7, 8 mit besonderer Vorsicht.
Himmelsrichtung: Jede
Yin-Yang: Yang

Vorsicht

Da ein Mobile eine sehr starke Bewegungsenergie hat, sollten Sie es immer und in jeder Zone mit Vorsicht anwenden!

In den Zonen 5, 7 und 8 würde ich es generell nicht verwenden.

Die Zonen 5 Zentrum, 7 Kinder und 8 Ruhe, Kontemplation, weibliche Gesundheit reagieren zu sensibel auf Bewegung, und das führt damit zu einer gewissen Unruhe.

Alternative

Objekte ohne Bewegungsenergie wie zum Beispiel → Kristall, → Pflanze

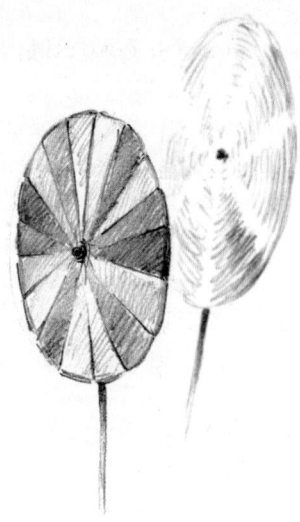

Windräder

Über das Hilfsmittel

Windräder sind Objekte in »Bewegung«. Das bedeutet, sie sollen nach diesen Kriterien eingesetzt werden. Nicht alle Zonen sind für bewegte Objekte geeignet. Auch gibt es Zeiten, in denen man mit Bewegung behutsam umgehen soll.

Symbolgehalt

Windräder symbolisieren den Wind und damit Bewegung, Aktivität und Dynamik.

Wirkung

Allgemein: Aktivieren, zerstreuen, machen aufmerksam.
Speziell: Da Windräder Energien zerstreuen, eignen sie sich zum Abhalten und Abwehren von negativer Energie.

Sie können jedoch auch ein netter Blickfang sein und eine freundliche einladende Atmosphäre erzeugen.

Windräder beleben eine energielose Ecke und energielose Zonen durch die Bewegung und die Farben.

Im Haus: Im Haus können Sie Windräder genauso wie im Garten in Blumentöpfe stecken. Da jedoch zu wenig Luftzug vorhanden ist, dient ein Windrad im Haus der Dekoration und nicht der Bewegung von Luft und damit von Energie.

Im Garten: Im Garten dienen Windräder der Auflockerung, der Aktivierung und der Zerstreuung von Energie. Sie können sehr gut in Blumentöpfe und Blumenbeete gesteckt werden.

Zuordnung

Material: Meist Kunststoff oder Metall

Farbe: Alle Farben möglich. Besondere Akzente können Sie durch gezielte Farbgestaltung setzen.

Element: Dieses Hilfsmittel möchte ich eindeutig dem »westlichen« Element Luft zuordnen. Die vier westlichen Elemente sind: Erde, Feuer, Wasser und Luft.

Bagua Zone: Grundsätzlich sind Windräder für die Baguazonen 1, 4, 6, 9 geeignet, jedoch immer mit Vorsicht, siehe *Himmelsrichtungen*. In den Zonen 2, 3, 5, 7, 8 ist es gut, wenn Sie besonders behutsam mit der Bewegungsenergie der Windräder umgehen.

Himmelsrichtung: Mit Beachtung der Zonen und der Berechnungsmöglichkeiten (zum Beispiel das »Feng Shui der Fliegenden Sterne« oder persönliche Richtungen), im Feng Shui jede.

Yin-Yang: Yang

Vorsicht

Vorsicht ist mit Windrädern dann geboten, wenn sie in Bereichen und Zonen verwendet werden, die empfindlich auf Unruhe und Bewegung reagieren.

Siehe: *Baguazone* und *Himmelsrichtung*.

Alternative

Objekte in Ruhe, wie zum Beispiel →Pflanzen mit farbigen Blüten oder dekorative Elemente, die in Blumentöpfen und Blumenbeeten plaziert werden können. Es gibt aus verschiedenen Materialien, wie Glas und Ton, Objekte, die als Kunstwerke auch die Aufmerksamkeit auf sich lenken und den Platz aufwerten.

Windmühlen

Über das Hilfsmittel

Windmühlen sind ähnlich wie Windräder »Objekte der Bewegung«.

Bei allen Objekten, die eine Bewegungsenergie zeigen, sollte man grundsätzlich vorsichtig in der Verwendung sein.

Es gibt in jedem Haus, in jeder Wohnung und in jedem Büro Plätze, die, entweder vom Platz her gesehen oder zeitlich bedingt, auf Bewegung und damit meist auf eine gewisse Unruhe negativ reagieren. In diesen Fällen ist es besser, ruhende Hilfsmittel einzusetzen.

Symbolgehalt

Windmühlen symbolisieren Bewegung.

Wirkung

Allgemein: Verteilen und zerstreuen die Energie. Aktivieren.

Speziell: Windmühlen machen auf Grund ihrer optischen Wirkung aufmerksam und aktivieren so den Platz. Sie streuen ankommende

Energie in »alle Himmelsrichtungen« und sind so zum Zerstreuen von negativer Energie zu verwenden.

Im Haus: Im Haus werden Windmühlen selten und wenn, dann als Dekorationsstücke verwendet.

Im Garten: Windmühlen sind mehr für den Garten als für das Haus geeignet, besonders wenn sie zum Zerstreuen der Energie gedacht sind.

Zuordnung

Material: Alle Materialien möglich
Farbe: Alle Farben möglich
Element: –
Bagua Zone: Siehe *Vorsicht*. Besondere Vorsicht gilt in den Zonen 2, 3, 5, 7, 8!
Himmelsrichtung: Mit Vorsicht jede.
Yin Yang: Yang.

Vorsicht

Da es Zeiten oder Plätze gibt, die auf Bewegung und somit eine gewisse Unruhe sensibel reagieren, sollten Sie Bewegungsobjekte immer vorsichtig anwenden.

Haben Sie eine Windmühle aufgestellt, beobachten Sie, was sich so in den folgenden Tagen und Wochen tut. Verwenden Sie lieber keine neuen Feng Shui-Hilfsmittel zusätzlich. So können Sie bei auftretenden Problemen die Ursache klarer lokalisieren.

Alternative

Objekte in Ruhe, wie zum Beispiel →Pflanzen oder dekorative Elemente wie →Skulpturen, Vasen oder →Rosenkugeln.

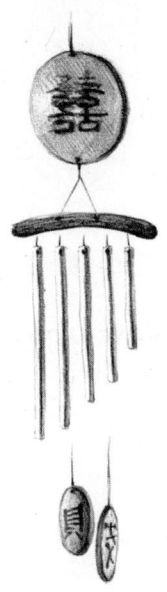

Klangspiel

Über das Hilfsmittel

Das Klangspiel ist eines der wichtigsten Feng Shui-Hilfsmittel und wird mit großer Bedeutung im asiatischen Feng Shui verwendet.

Eine besondere Bedeutung kommt dem Klangspiel im »Feng Shui der Fliegenden Sterne« zu. (siehe Anhang!)

Symbolgehalt

Die Symbolik des Klangspiels wurzelt im »Klang«. Der angenehm klingende Ton verbreitet Glück, Harmonie und Frieden.

Wirkung

Allgemein: Streut Energie, dämpft negative Energie bestimmter Zahlen im »Feng Shui der Fliegenden Sterne«.

Speziell: Mit einem Klangspiel kann Energie zerstreut werden und in Räume und Zonen geleitet werden.

Die Elemente Metall und Wasser werden durch das Element Metall des Klangspieles gefördert und gestärkt.

Die Elemente Holz und Erde werden durch das Element Metall geschwächt.

Im »Feng Shui der Fliegenden Sterne« wird mit Hilfe eines Klangspiels negative Energie gedämmt und die Zahlen 2 und 5 geschwächt. (siehe Anhang!)

Im Haus: Das Klangspiel ist im Feng Shui eines der stärksten und wirksamsten Hilfsmittel.

Im Inneren des Hauses wird ein Klangspiel unter verschiedenen Aspekten verwendet:

Das Zerstreuen von Energie:

Gibt es im Haus einen Energiedurchzug, kann ein Klangspiel in diesen Durchzug gehängt werden. So wird der Energiefluß gestoppt oder zumindest abgebremst. Gleichzeitig wird die Energie in das Umfeld, wie angrenzende Räume, geleitet.

Das Abschwächen der Energie:

Mit Hilfe eines Klangspieles kann negativ ankommende Energie, Sha-Energie oft zu einem großen Teil abgehalten werden. So kann das Klangspiel in einen Gang oder in ein Fenster gehängt werden.

Im »Feng Shui der Fliegenden Sterne« gibt es besonders zwei Zahlen, die eine negative Bedeutung haben und deren oft negativen Auswirkungen mit Hilfe eines Klangspieles abgeschwächt werden können.

Diese Zahlen sind die 2 und die 5. Sie haben Erdenergie, und ein Klangspiel mit 5 Stäben dämpft diese Energie.

Im Garten: Oft werden Klangspiele im Freien wie zum Beispiel im Garten oder auf der Terrasse verwendet. Wenn der Platz geschützt und der Wind nicht zu stark ist, ertönt ein sanfter Klang. Da das Klangspiel im Freien öfter zu hören ist als im Inneren des Hauses, ist es wichtig, beim Kauf den Klang zu testen.

Zuordnung

Material: Meist aus Metall, Holz und Bambus.

Farbe: Metallfarben, braun.

Element: Das Grundelement des Klangspieles ist das Metallelement.
Bei einem Holzklangspiel ist das Element Holz.

Bagua Zone: Grundsätzlich sollten Klangspiele nicht in Zonen verwendet werden, die sensibel auf Bewegungsenergie reagieren.
Das sind die Baguazonen 2, 5, 7 und 8.

Die Baguazonen 3 und 4 sind dem Element Holz zugeordnet, und da das Element Metall das Element Holz schwächt, würde ich dort kein Metallklangspiel verwenden.

Die 3. Zone steht in Zusammenhang mit der Familie. Wenn Sie eine Familie und Kinder haben, seien Sie auch aus diesem Grund vorsichtig mit einem Klangspiel in dieser Zone.

Himmelsrichtung: Siehe *Vorsicht* – grundsätzlich jede.

Yin-Yang: Yang

Vorsicht

Achtung bei den Baguazonen – siehe *Zone*.

Im »Feng Shui der Fliegenden Sterne« ist zum Beispiel bei der Zahlenkombination 2/3 Vorsicht geboten. Diese Zahlenkombination steht für Konflikt und Streit.

Dazu kommt, daß diese Zahlen auf Bewegungsenergie sensibel reagieren.

Das führt zu einer Verstärkung des Konfliktthemas. Je nach Zone, in welcher diese Kombination steht, wirkt sich diese Konfliktbereitschaft aus.

Sie betrifft dann entweder mehr die Kinder, die Partner oder Ihr Verhältnis zu Ihrem Vorgesetzten. (siehe Anhang!)

Ein Klangspiel ist auch ein guter Schutz bei den »5 Gelben«. (siehe »Feng Shui der Fliegenden Sterne« im Anhang!)

Unter diesem Aspekt sind auch die Himmelsrichtungen zu kontrollieren.

Alternative

Ruhende Objekte aus Metall.

Steine
Kristalle, Natursteine, Berge

Über das Hilfsmittel

Steine sind in jeder Form, ob Natursteine oder Edelsteine, ein wunderbares Hilfsmittel. Sie werden sehr gerne zum Ausgleich für Körper und Seele und zur Meditation verwendet, und sie können nahezu unbegrenzt im Feng Shui, in der Wohnraumgestaltung und am Arbeitsplatz angewandt werden.

Symbolgehalt

Von alters her hatten Steine und Edelsteine für den Menschen eine große Bedeutung. Sie wurden nicht nur zu baulichen Zwecken verwendet, sondern auch rituell, als Schmuck, als Schutz, als Glücksbringer und aus vielen Gründen mehr. In allen Kulturen finden sich Hinweise für die vielseitige Verwendung und die Bedeutung der Steine und Edelsteine.

Wirkung

Allgemein: *Natursteine:* stabilisieren, festigen

Edelsteine: Hier ist die Wirkung spezifisch für den jeweiligen Stein, und ob dieser naturbelassen oder geschliffen ist.

Speziell: Steine helfen Situationen und Häuser zu stabilisieren.

Im Feng Shui der Fliegenden Sterne unterstützen Steine einen positiven Bergstern gut.

Edelsteine können Energien abhalten, Energie vermehren und Energie aufnehmen. Sie eignen sich sowohl für den Privatbereich als auch für den Arbeitsplatz.

Am Arbeitsplatz sind Edelsteine sehr vielfältig zu verwenden.

Als Steindekoration und Steinkreis auf dem Schreibtisch eignen sich Steine, die der Regeneration dienen, wie zum Beispiel der Fluorit, der blaue Calcedon und der Bergkristall.

Der Rosenquarz eignet sich sehr gut auf dem Computer. Er absorbiert die unangenehme Abstrahlung und wird so mit guten Ergebnissen verwendet.

Der Rosenquarz ist ein Stein mit einer wunderbaren, liebevollen und sanften Energie. Deshalb eignet er sich sehr gut für den Beziehungsbereich (2 Erde) direkt auf dem Schreibtisch und im Büro.

Ich verwende für mich gerne einen besonders schönen Aquamarin. Ich habe ihn in einem Ring gefasst, so habe ich ihn immer bei mir. Er gibt mir einen klaren Blick in die Weite, in die Tiefe, und leitet mich so oft in der Entscheidungsfindung.

Einen ganz besonderen Bergkristall habe ich auf meinem Schreibtisch plaziert. Er verkörpert, wie auch der Aquamarin, Weisheit, und ich fühle mich ihm sehr stark verbunden. Sie sehen, die Wahl der Edelsteine ist sehr persönlich, und ich möchte Ihnen empfehlen Ihre Steine intuitiv auszuwählen.

Im Haus: Im Haus kann eine »luftige« Treppe, wie eine Treppe bei der die Stufen keine festen Zwischenräume haben, im Boden energetisch verankert werden.

Bestimmte Plätze können sowohl mit Natursteinen als auch mit Edelsteinen aktiviert werden.

Hier paßt in die Partnerzone zum Beispiel ein Rosenquarz.

Das Zentrum des Hauses läßt sich mit einem Stein, oder besonders schön mit einem Steinkreis beleben.

Im Garten: Im Garten können Sie mit Steinen Plätze gestallten, Plätze als solche definieren und Akupunkturpunkte setzen.

Sie können im Garten ebenfalls eine Situation stabilisieren, achten Sie jedoch darauf, was Sie gerade stabilisieren!

Wenn Sie ein Haus stabilisieren müssen, können Sie mit Steinen oder Felsbrocken arbeiten.

Das betrifft oft Häuser, die »kippen«. Also Häuser, die an einem Hang gebaut sind und die zur Hälfte »schweben«. Diese Häuser sind zum Teil auf Stützen gebaut und zum Teil auf festem Untergrund. So entsteht oft eine instabile Situation.

Im Feng Shui der Fliegenden Sterne kann mit Steinen und Felsbrocken der Bergstern positiv unterstützt werden. (siehe Anhang!)

Zuordnung

Material: Jeder Stein hat eine für ihn typische Zusammensetzung. Die Materialenergie ist für mich eindeutig die Erdenergie.

Farbe: Das gesamte Farbspektrum ist in Steinen enthalten.

Element: Erde

Bagua Zone: Jede

Himmelsrichtung: Jede

Yin-Yang: Yin und Yang. Steine zeigen Merkmale beider Energien. Sie besitzen Erdenergie, können klein und schwer sein oder kühle Farben haben. Dies sind typische Yin-Merkmale.

Sie sind aber auch hart und oft leicht oder groß, haben warme Farben und eine sonnige Energie. Das sind typische Yang-Merkmale.

Für mich sind Steine vollkommen, denn sie sind Natur und von der Natur, und vereinen somit Yin und Yang in ihrer Gesamtheit.

Vorsicht

Achten Sie darauf, welche Situation Sie stabilisieren wollen.

Achten Sie auf die Wirkung, die Qualität und die energetische Stärke der Steine.

Steine sollten öfter energetisch gereinigt werden!

Achten Sie auf die Lage negativer Bergsterne.

Alternative

Ist der Stein zu stark oder zu groß, nehmen Sie einfach einen kleineren oder einen der eine schwächere Energie hat. Das heißt, Sie gehen am besten nach Ihrem Gefühl, denn Sie wollen den Stein in Ihrer Nähe »aushalten«.

Bei einem Edelstein kann das oft ein Stein mit einem schwächeren Farbton sein.

Statuen
Allgemein, Buddhas, Wächter, Fu-Hunde

Über das Hilfsmittel

Statuen sind dekorative Objekte, die sowohl im Haus als auch im Garten plaziert werden können. Sie werden nach ihrer Bedeutung ausgewählt.

Auf der ganzen Welt sind Statuen ein wichtiger Bestandteil der jeweiligen Kultur. Sie zeigen Macht und Stärke und sind Schutzsymbole.

Symbolgehalt

Es gibt viele verschiedene Arten von Statuen, daher ist es sehr wichtig den Symbolgehalt zu erkennen.

Es gibt Statuen mit einer starken religiösen Symbolik wie Heiligenfiguren, Buddhas, Engelsstatuen und Gottheiten.

Es gibt Statuen, die einen starken Schutz – und meist auch Machtsymbolik – zeigen. Dazu gehören in Asien die Fu-Hunde und in der westlichen Welt Löwen vor Palästen und als Türklopfer an Eingangstoren.

Eine oft landesspezifische Symbolik haben Tierstatuen.

Wichtig ist auch immer zu eruieren, welche Aussage hat das eine oder andere Objekt für Sie.

Wirkung

Allgemein: Stabilisierend, schützend, aktivierend von gutem Feng Shui
Speziell: Mit Statuen lassen sich Situationen ähnlich wie mit Steinen stabilisieren. Beachten Sie bitte, welche Situation Sie in welchem Bereich festigen!

Mit Statuen läßt sich auch ein guter Bergstern im Feng Shui des Fliegenden Sterns sehr positiv unterstützen! Hier können Sie sehr effektiv das gute Feng Shui Ihres Hauses und Ihrer Firma fördern (siehe Anhang).

Ganz individuell können Sie die Schutzwirkung einer Figur für sich nutzen, sowohl vor dem Haus (Achtung Symbolik), im Garten als auch im Haus.

Im Haus: Haben Sie keinen Garten, können Sie auch in der Wohnung den positiven Bergstern aktivieren. Plazieren Sie eine Statue, die einen Berg symbolisieren kann, in dem Sektor, in dem sich der positive Bergstern befindet.

Sie können eine bestimmte Baguazone auch beleben, indem Sie eine Statue mit der richtigen Symbolik aufstellen.

Haben Sie eine »freischwebende« Treppe, können Sie diese energetisch verankern, indem Sie eine Statue aufstellen.

Im Garten: Im Garten sind Statuen oft dekorative Elemente, jedoch gibt es einige Richtlinien zu beachten.

Stellen Sie keine Statuen in eine Linie mit der Eingangstüre. Dieser Bereich soll frei bleiben. Sie verstellen sich so viele Möglichkeiten und Chancen.

Achten Sie auf pfeilartige Elemente. Diese sollten weder auf Ihr Haus noch auf jemand anderen gerichtet sein.

Achten Sie auf die Bedeutung der jeweiligen Baguazone im Garten. – Welche Statue mit welcher Symbolik steht zum Beispiel in der Partnerzone? Wie ist Ihre Partnerschaft?

Achten Sie auch auf die Lage der Bergsterne im Feng Shui der Fliegenden Sterne.

Sie können mit einer Steinstatue einen positiven Bergstern sehr gut fördern.

Der Bergstern steht für Ihr privates Glück, Ihre Liebe (siehe auch das »Feng Shui der Fliegenden Sterne« im Anhang).

Zuordnung

Material: Stein, Keramik
Farbe: Alle Farben möglich
Element: Meist Erde
Bagua Zone: Unter Beachtung aller wichtigen Komponenten jede.
Himmelsrichtung: Statuen können gezielt in einzelnen Himmelsrichtungen plaziert werden.

So können Statuen mit der Symbolik für langes Leben im Westen aufgestellt werden.

Symbole für Wohlstand im Osten und Südosten.

Symbole für Beziehungen im Südwesten.

Sie können aber auch Ihre persönlichen Richtungen aktivieren. Optimal ist, wenn Sie aus all den Möglichkeiten die beste Richtung für sich auswählen.

Yin-Yang: Yang – einige Statuen können jedoch auch eine Yin Energie aufweisen.

Vorsicht

Achten Sie auf die Symbolik.

Vermeiden Sie wilde oder aggressiv aussehende Tiere im und um das Haus.

Stellen Sie keine Statuen direkt vor den Eingang.

Achten Sie auf pfeilartige Strukturen.

Beachten Sie Ihre negativen Bergsterne.

Beachten Sie die Baguazonen, die Himmelsrichtungen und ihre Entsprechungen.

Gehen Sie vorsichtig in der Verwendung mit Statuen um. Sie erzeugen leicht eine schwere Atmosphäre, können bedrücken und bei religiösen Figuren eine Yin-Energie erzeugen.

Prüfen Sie, ob die Himmelsrichtung für Sie paßt.

Alternative

Wollen Sie gutes Feng Shui in einer Zone erzeugen, können Sie →Pflanzen in Töpfe setzen. So können Sie auch gut testen, ob sich diese Lösung – zum Beispiel die Lösung zum Stabilisieren – bewährt.

Ein Blumentopf ist leicht anderweitig zu verwenden, wenn sich die Lösung doch nicht bewährt.

Eine weitere Alternative sind →Steine.

Pflanzen
Bäume, Blumen, Kakteen

Über das Hilfsmittel

Pflanzen sind eines meiner liebsten Hilfsmittel im Feng Shui.

Pflanzen sind Lebewesen und als solche zu behandeln. Sie können mit Pflanzen im Feng Shui Ihr Umfeld kaum negativ beeinflussen, obwohl in der Feng Shui-Literatur oft anderes steht. Vorsicht ist bei Pflanzen mit zu spitzen Blättern oder Kakteen geboten.

Symbolgehalt

Wachstum, Leben

Wirkung

Allgemein: Belebend, harmonisierend
Speziell: Pflanzen symbolisieren Wachstum, daher sind sie in Zonen gut einzusetzen, in welche Sie Lebendigkeit und Wachstum bringen möchten.

Sie beleben unbelebte Ecken und Winkel und werten jeden Bereich Ihres Hauses und Ihres Gartens auf.

Im Haus: Im Haus werten Pflanzen jeden Bereich auf eine sehr angenehme Art und Weise auf. Wenn Sie das Element der Pflanze beachten, können Sie gezielt jede Pflanze einsetzen. So eignen sich zum Beispiel Pflanzen mit Metallenergie für die Baguazone 6 und 7. Eine Feuerpflanze eignet sich für die 9. Zone. Diese Zone wird durch eine Pflanze mit zu viel Wasserenergie jedoch geschwächt (siehe *Element*).

Sie können auch die besondere Energie der Pflanze nutzen, indem Sie sich in der Nähe einer für Sie angenehmen Pflanze aufhalten.

Im Garten: Im Garten ist es besonders wichtig, das Yin-Yang-Gleichgewicht zu halten. Hier können Sie besonders einfach mit der Hilfe der Pflanzen Akzente setzen und das Gleichgewicht wieder herstellen.

Bäume sollten jedoch immer in einem gewissen Abstand zum Haus stehen, da sonst ein Gefühl der Enge entstehen kann.

Mit Pflanzen lassen sich auch fehlende Baguazonen des Hauses ausgleichen, indem man die Pflanze als Akupunkturpunkt in den fehlenden Bereich setzt.

Ein wichtiger Bereich im Garten-Feng Shui kommt den Hecken zu.

Pflanzen haben eine stark schützende Funktion, je nach Größe und Dichte des Wuchses. Sind sie von negativer Energie umgeben, lösen Pflanzen diese Energie manchmal auch ganz auf. Besonders haben Hecken auch die Funktion einer Trennlinie zu den Nachbarn.

Zuordnung

Material: Erde, Holz
Farbe: Hauptfarbe: grün und braun
Blütenfarbe: jede Farbe
Element: Im allgemeinen werden Pflanzen dem Element Holz zugeordnet.

Betrachtet man die Wuchsform, die Blätter und die Blüten, so kann man in der Feinarbeit Pflanzen auch noch anderen Elementen zuordnen.

Metall: kugeliger Wuchs, weiche, runde, silbrigweiße Blätter und weiße Blütenfarbe

Holz: säulenartiger Wuchs, Farbe grün

Feuer: spitzer Wuchs und spitze Blätter, rote Blütenfarbe

Erde: flächiger Wuchs (Bodendecker), gelbe, orange Blütenfarbe

Wasser: wellenartiger Schnitt, blaue Blütenfarbe

Bagua Zone: Jede

Himmelsrichtung: Jede

Yin-Yang: Pflanzen integrieren Yin und Yang.

Die Pflanzen, die mehr Yang aufweisen, sind farbenfroh und wirken sehr lebendig. Pflanzen mit mehr Yin haben oft kühlere Farben.

Vorsicht

Achten Sie auf die Symbolik »stacheliger Pflanzen«. In welcher Zone stehen Ihre Kakteen?

Stellen Sie Pflanzen mit spitzeren Blättern nicht in Bettnähe, besonders dann nicht, wenn Sie dies als unangenehm empfinden.

Achten Sie auf das Element der Pflanze.

Achten Sie darauf, daß nicht direkt vor der Eingangstüre ein Baum steht, dieser fungiert als Stopsignal und hält Energie ab. Bäume, die zu nahe vor dem Eingang stehen, genauso wie Säulen, sind immer wieder mit ein Grund, wenn ein Geschäft schließen muß.

Alternative

Stellen Sie die Pflanze einfach um, wenn entweder die Pflanze sich nicht wohlfühlt oder Sie sich nicht wohlfühlen.

»Sprechen« Sie mit der Pflanze, erfühlen Sie, was die beste Lösung ist.

Ich habe neben meinem Bett eine Zimmerpalme mit langen spitzen Blättern, die jeden Abend ihre Blätter so senkt, daß sie nicht auf mich zeigen.

Pflanzen und Tiere kooperieren sehr gut mit Menschen!

Tiere
lebend, Symbol

Über das Hilfsmittel

Lebende Tiere möchte ich nicht als Feng Shui-Hilfsmittel bezeichnen. Sie sind Mitbewohner, sehr sensible Wesen, die oft sehr deutlich anzeigen, wenn etwas nicht in Ordnung ist. Das gleiche gilt für Kinder. Tiere und Kinder zeigen meist sofort eine Reaktion, wenn sich im Haus oder im Umfeld etwas ändert.

Sie reagieren auf Veränderungen, die wir setzen, und auf zeitlich bedingte Veränderungen.

Tiere, die als Symbol, als Statuen und auf Bildern zu sehen sind, können gezielt als Feng Shui-Hilfsmittel eingesetzt werden.

Symbolgehalt

Im asiatischen Kulturraum haben Tiere meist eine andere Symbolik als in der westlichen Welt.

So haben bestimmte Fische als Symbol »Glück«. Hier ist auch die Zahl und die Farbe der Fische von Bedeutung.

Die Schildkröte hat eine Schutzsymbolik.

Wirkung

Allgemein: Belebend, Schutz, Erfolg

Speziell: Goldfische gelten im Feng Shui als Glücksbringer.

Arowanas gelten als besondere Glücksfische und werden in China zu hohen Preisen gehandelt.

Der dreibeinige Frosch ist ebenfalls ein Glückssymbol, welches Reichtum verspricht.

Schildkröten beschützen die Familie und bringen Glück.

Im Haus: Sollen Goldfische Glück bringen, sollten sie acht rote bzw. acht goldene Fische kaufen und einen schwarzen. Stirbt einer der Fische, muß dieser ersetzt werden.

Goldfische sollen nicht im Schlafzimmer, im Bad oder in der Küche stehen, da dies Unglück anziehen kann.

Ein guter Platz wäre das Wohnzimmer.

In einigen Teilen Asiens gelten Arowas als besonders glücksbringend. Doch beachten Sie vor einem Kauf, daß Arowas eine Länge von über achzig Zentimeter erreichen.

Der dreibeinige Frosch kann im Wohnzimmer aufgestellt werden oder neben dem Eingang, jedoch immer so, daß der Frosch in den Raum sieht.

Schildkröten sind sehr pflegeleichte Tiere, denen eine starke Schutzkraft nachgesagt wird. Stirbt das Tier, sagt man, daß es für eine Person im gleichen Haus gestorben ist, um sie so vor Unglück zu bewahren.

Die Schildkröte schützt mit ihrem Panzer den Rücken und somit den Norden des Hauses oder des Büros.

Im Garten: Läßt es das Klima zu, können einige der Feng Shui-Tiere auch im Garten gehalten werden.

Achten Sie bei der Verwendung von Wasserbecken auf den Platz und die »Wassersterne« im Feng Shui der Fliegenden Sterne (siehe Anhang).

Eine schöne, einfache und belebende Wirkung zeigen Vogeltränken im Garten. Sie bringen buchstäblich Leben in den Garten und damit gute Energie.

Zuordnung

Material: –

Farbe: –

Element: –

Bagua Zone: Grundsätzlich können Sie in jeder Zone Tiere halten und plazieren.

Interessant ist es, die Anzahl der Tiere zu beachten und die Zahl der Zone.

Zum Beispiel eine Schildkröte für die Zone eins – Wasser – oder paarweise gehaltene Tiere in der Partnerzone.

Himmelsrichtung: Für die Himmelsrichtung gilt dasselbe wie für die Baguazonen.

Die Schildkröte symbolisiert als eines der vier Himmlischen Tiere den Norden. Der Norden repräsentiert die Zahl eins. Somit eignet sich die Schildkröte für den Norden besonders gut, auch wenn für sie persönlich der Norden eine ungünstige Richtung nach der Kua-Zahl-Berechnung ist.

Yin-Yang: Yang

Vorsicht

Der dreibeinige Frosch darf nicht zur Türe hinaus sehen, sonst schwindet Ihr Geldglück.

Achten Sie bei der Verwendung von Wasser auf die Zonen, die Richtungen und die Wassersterne im Feng Shui der Fliegenden Sterne! (siehe Anhang)

Alternative

Als Alternative zu lebenden Tieren können Sie zum Beispiel → Bilder oder Objekte, wie Kunstobjekte aus Glas oder Keramik, verwenden.

Um einen Bereich zu beleben, eignen sich auch → Pflanzen sehr gut.

Wasser
Brunnen, Schwimmbecken, Biotop, Wasserfall

Über das Hilfsmittel

Wasser ist ein sehr bedeutendes Hilfsmittel. So wichtig, daß es ein eigenes Kapitel im Feng Shui einnimmt, das »Wasser-Feng Shui«.

Das Wasser-Feng Shui beschäftigt sich mit allen Bereichen im und um das Gebäude, in welchen Wasser vorhanden ist.

In der Landschaft geht es um Gewässer wie Seen, Teiche, Flüsse. Im Haus beschäftigt sich das Wasser-Feng Shui mit den Zuleitungen und Ableitungen verschiedener Wassersysteme des Hauses. Dazu gehören Wasserleitungen, Abflüsse, Zimmerbrunnen und andere Wassersysteme.

Symbolgehalt

Wasser symbolisiert das Leben, den Lebensraum, die Reise, Reichtum, aber auch Reinigung und Klarheit.

Wirkung

Allgemein: Reinigend, belebend, erfrischend

Speziell: Ursprünglich hatte Wasser im »Landschafts-Feng Shui« eine besondere Bedeutung. Nach und nach machte man sich die positive Wirkung des Wassers auch in der nahen Umgebung des Hauses zunutze. Es wurden künstliche Wasserläufe und Wasserbecken angelegt.

So holte man sich die Glück und Wohlstand bringende Energie ins Haus. Dabei wurde genau darauf geachtet, an welchen Plätzen auf dem Grundstück ein Zu- oder Abfluß ist und wo Wasserstellen errichtet werden dürfen. Stimmt der Platz nicht nach allen Berechnungen, kann man sich oft mehr schaden als nutzen.

Im Haus: Im Haus nimmt das Wasser-Feng Shui einen wichtigen Platz ein. Ein großer Faktor sind Wasserleitungen und Wassersysteme verschiedener Art, die in jedem Haushalt selbstverständlich sind. Daß diese für uns gewohnten Einrichtungen eine gewichtige Bedeutung im Feng Shui haben, ist allerdings weniger bekannt. Viele Themen und Probleme hängen eng mit diesen Systemen zusammen.

Unser Körper besitzt einen sehr hohen Wasseranteil, möglicherweise reagieren wir deshalb stark auf Wasser innerhalb des Hauses.

Die Wassersysteme des Hauses zeigen eine energetische Verbindung mit den Wassersystemen in unserem Körper, wie der Niere, der Blase, dem Darm und wahrscheinlich auch dem Blut.

Gibt es Themen mit einem oder mehreren dieser Organe, so ist immer ein Grund, oder oft sind es mehrere Gründe, für ein Problem in den Wassersystemen zu finden.

Oft ist das Haus-Wasserthema sogar der Nährboden des Problems.

Wird dieser Nährboden entzogen, entzieht man dem gesundheitlichen Thema auch die Nahrung und leitet so einen Heilungsprozeß ein.

Eine schöne, belebende Möglichkeit, sich Wasser in das Haus zu holen, sind Zimmerbrunnen. Sie können aber eine sehr starke Wirkung entfalten und sollten daher nach sorgfältiger Überprüfung aufgestellt werden.

Wasserschalen haben eine sehr sanfte Energie und sind wunderschöne Objekte für den Raum. Sie eignen sich auch dann, wenn ein Brunnen zu stark wirkt.

Im Garten: Im Garten sind die wichtigsten Wasserobjekte Swimmingpools, Teiche, Biotope und Vogelbäder. Seltener werden besonders aus Feng Shui-Gründen Wasserfälle in der Gartengestaltung verwendet.

Es gilt grundsätzlich im Garten wie im Haus: Je größer und stärker das Wasser, die Wasserfläche ist, desto stärker ist die freiwerdende Energie.

Pools und Biotope sollten in kleineren Gärten nicht überdimensional groß sein, da sonst die Energie zu stark und somit schädlich wird. Auch die Nähe zum Haus muß beachtet werden – es heißt, daß sonst das »Haus ins Wasser fällt« – das bedeutet, die Energie »erschlägt« das Haus.

Ein weiterer wichtiger Faktor ist die Lage der Wassersterne im Feng Shui der Fliegenden Sterne. Diese können gezielt mit Wasserobjekten aktiviert werden. Da es aber positive und negative Wassersterne gibt, ist es wichtig zu wissen, wo sich diese befinden (siehe Anhang!)

Zuordnung

Material: Wasser
Farbe: Blau, Blaugrün
Element: Wasser
Bagua Zone: Als Zonen, welche Wasserenergie benötigen, gelten die Zonen 1, 3 und 4.

Beachten Sie jedoch gerade, wenn Sie Wasser verwenden möchten, auch noch andere Kriterien wie die Himmelsrichtungen und die Fliegenden Sterne.

Die Zone 1 wird dem Wasser zugeordnet.

Die Zonen 3 und 4 werden dem Holzelement zugeordnet. Nach den »Fünf Elementen« fördert Wasser das Holz.

Himmelsrichtung: Die Richtung Norden ist der Wasserenergie zugeordnet.

Yin-Yang: Yin und Yang

Vorsicht

Nur nach dem Bagua oder nur nach einer anderen Berechnung wie zum Beispiel den 5 Elementen sollte man keine Wasserbecken anlegen.

Wasser soll immer sauber und rein sein, da sonst die Energie stagniert und die Auswirkungen schlecht sind.

Achtung auf die negativen Wassersterne!

Vorsicht mit Wasser im Schlafzimmer – es bedeutet Verlust.

Alternative

Ist aus verschiedenen Gründen Wasser nicht ratsam, können Sie auch → Pflanzen verwenden. Sie besitzen in gewisser Weise eine ähnlich belebende Wirkung wie Wasser.

Flöten

Über das Hilfsmittel

Flöten sind alte, sehr traditionelle Feng Shui-Hilfsmittel. Sie wurden früher zum Ankündigen von Nachrichten verwendet und gelten deshalb als Überbringer von guten Botschaften.

Symbolgehalt

Flöten symbolisieren, als Überbringer guter Nachrichten, Glück.

Wirkung

Allgemein: Anhebend

Speziell: Flöten haben eine ganz klare Wirkung im Feng Shui. Sie sind »hohle Rohre« und erzeugen dadurch eine Sogwirkung nach oben. Dadurch wird die Energie nach oben geleitet und somit angehoben.

Im Haus: Im Haus werden Flöten in folgenden Fällen verwendet:

Bei Dachschrägen:

Dachschrägen erzeugen einen Druck schräg nach unten.

Das bedeutet, daß Personen, die, aus welchen Gründen auch immer, sensibel auf diesen Druck reagieren, verschiedene Symtome aufweisen können. Einige dieser Probleme können Schlafstörungen, Kopfschmerzen, Migräne, Druckgefühle, Angstzustände, Beklemmungsgefühle und einiges mehr sein.

Flöten werden dann so angebracht, daß die Kordel nach unten zeigt und die oberen Enden der Flöte zusammenstehen, um so ein Dreieck zu bilden.

Eine weitere Möglichkeit ist, einen Fächer aufzuhängen.

Bei Deckenbalken:

Deckenbalken erzeugen einen eher punktuellen Druck. Der Druck verteilt sich nicht auf die gesamte Decke wie bei einer Schräge.

Die meisten der Symtome, die für die Dachschräge gelten, gelten auch für Balken. Ein Balken zieht jedoch zwischen Personen, zum Beispiel quer über ein Bett, Trennlinien. So wird ein Balken öfter zum äußeren Zeichen einer Trennung oder Scheidung.

Im Falle eines Balkens kann man ebenfalls Flöten oder einen Fächer anbringen.

Im Garten: Gibt es im Garten ein Problem mit Balken, zum Beispiel auf einer Terrasse, werden Flöten wie oben genannt angebracht.

Zuordnung

Material: Holz
Farbe: Meist Holzfarbe
Element: Holz
Bagua Zone: Flöten können in jeder Zone eingesetzt werden.
Himmelsrichtung: Flöten können in jeder Himmelsrichtung angebracht werden.
Yin-Yang: Yang

Vorsicht

Hängen Sie die Flöten nicht verkehrt auf.

Alternative

Wollen Sie keine Flöten verwenden, so eignen sich auch →Licht und hochwachsende →Pflanzen zum Anheben der Energie.

Fächer eignen sich gut als Alternative zu Flöten. Sie haben ebenfalls eine anhebende Wirkung!

Gut eignen sich auch Tücher, die, ähnlich einem Himmel, unter Balken gespannt werden.

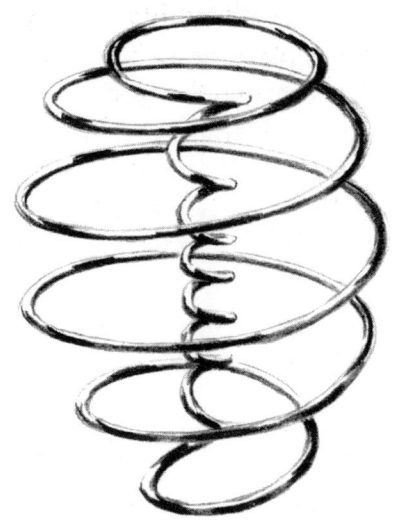

Spiralen

Über das Hilfsmittel

Spiralen sind moderne Feng Shui-Hilfsmittel, die eher in der westlichen Welt angewendet werden.

Symbolgehalt

Der Symbolgehalt, der einer DNS-Spirale nachgesagt wird, ist, daß die DNS-Spirale unserer menschlichen DNS nachempfunden ist und so in Resonanz mit unserem Körper steht. Das ist ein sehr weit verbreiteter Irrtum. Unsere DNS ist eine Doppelhelix, die ganz anders aussieht als die Feng Shui DNS-Spiralen. Die DNS ist eine paralellsträngige Doppelhelix, und die Feng Shui-Spiralen sind außen nach unten gedreht und dann innen in die entgegengesetzte Richtung nach oben gedreht. Diese Form der Spirale hat mit unserem Körper schlicht nichts zu tun.

Wirkung

Allgemein: Anhebend, verstärkt die Energie eines Platzes
Speziell: Die Spirale hebt in einem engeren Radius die Energie eines Platzes an.

Sie verstärkt die Energie in dem Bereich, in dem sie aufgehängt ist.

Im Haus: Wollen Sie die Energie in einer Zone oder einer Ecke im Raum anheben, so eignet sich dazu die Spirale. Sie können sie von der Decke an einem Nylonfaden herunterhängen lassen.

Im Garten: Aus optischen Gründen und zum Anheben der Energie eignet sie sich auch auf Terrasse und Balkon.

Zuordnung

Material: Metall, Glas
Farbe: Durchsichtig, metallfarben
Element: Metall, bzw. das Materialelement
Bagua Zone: Achtung in Zonen, die auf Bewegungsenergie sensibel reagieren. Das sind vor allem die Zonen: 5, 7, 8
Himmelsrichtung: Jede
Yin-Yang: Yang

Vorsicht

Da Spiralen die Energie ähnlich einem Korkenzieher konzentriert bündeln und nach oben leiten, ist es gut, wenn Sie wissen, was sich unterhalb so alles befindet. Dazu gehören Wasseradern und andere tektonische Gegebenheiten, Nachbarn und deren Energien, ganz zu schweigen von den verschiedenen Energien, die nur schwer bis gar nicht festzustellen sind.

Ich verwende Spiralen nur mit größter Vorsicht.

Alternative

→ Kristalle – stärken die Energie eines Platzes
→ Pflanzen – besonders wenn Störquellen vorhanden sind
→ Mobile – verteilen die Energie und beleben den Platz

Delphine

Über das Hilfsmittel

Menschen fühlen sich seit Jahrhunderten zu Delphinen hingezogen.
Auch Delphinen wird der Bezug zum Menschen nachgesagt.
So gibt es immer wieder Berichte von Rettungen aus Seenot durch Delphine und Erzählungen, daß Menschen mit Delphinen auf besondere Art und Weise kommunizieren.

Symbolgehalt

Delphinen wird Weisheit und Liebe zugeschrieben. Sie wurden in einigen Kulturen als heilig angesehen. Auf jeden Fall strahlen sie Freundlichkeit und Harmonie aus.

Wirkung

Allgemein: Liebe, Harmonie, Ruhe, Weisheit
Speziell: Delphine strahlen eine wunderbare Ausgeglichenheit und eine damit verbundene innere Ruhe aus. Das läßt auf Weisheit und Liebe schließen, zwei Eigenschaften, die eng miteinander verbunden sind.

Im Haus: Da es sehr schwierig ist, länger in der Nähe eines lebenden Delphins zu verweilen und so die wunderbare Ausstrahlung zu genießen, hilft es manchmal auch,die Energie der Tiere ins Haus zu holen, indem man Abbilder, Fotos oder Skulpturen aufstellt.

Da sie sehr liebevoll wirken, werden sie gerne für den Partnerbereich verwendet. Sie wirken aber auch in jedem anderen Bereich des Hauses.

Im Garten: Als Skulptur im Garten, zum Beispiel aus Keramik an einem Teich, ist ein Delphin ein harmonisierendes Objekt.

Zuordnung

Material: Meist Keramik oder Holz
Farbe: –
Element: Wasser
Bagua Zone: jede
Himmelsrichtung: jede
Yin-Yang: Yang

Vorsicht

–

Alternative

–

Bilder

Über das Hilfsmittel

Jedes Bild, das Sie aufhängen, hat eine, meist mehrere Aussagen. Daher ist besonders wichtig zu beachten, welches Bild Sie wo aufhängen. Es ist von Bedeutung, was auf dem Bild zu sehen ist, und an welchem Platz im Haus oder im Büro das Bild hängt.

Symbolgehalt

Die Symbolik jedes einzelnen Bildes liegt in der Symbolik des abgebildeten Motives.

Wirkung

Allgemein: Das Bild bestimmt die Wirkung.
Speziell: Die Wirkung eines Bildes hängt stark vom Bild ab und an welchem Platz es hängt. Sie können mit Hilfe von Bildern fast jede Stimmung in Ihr Haus holen.

Gezielt angewandt, können Bilder aktivieren, dämpfen, einen Yin- oder Yang-Ausgleich gestalten, Farbe in den Raum bringen und vieles mehr.

Im Haus: Da die Aussage und der Eindruck, den das Bild vermittelt, von großer Bedeutung ist, ist es wichtig zu beachten, welches Bild wohin paßt.

Hängen zum Beispiel im Kinderbereich oder in der Partnerzone Bilder, die aggressive Elemente beinhalten, so steigt in diesen Lebensbereichen mit Sicherheit das Aggressionspotential.

Es ist in den letzten Jahren zunehmend in Mode gekommen, mit Kunstwerken aus anderen Kulturen die eigenen vier Wände zu gestalten.

In Beratungen kann ich vermehrt feststellen, daß damit manchmal ganz spezifische Probleme verbunden sind.

Viele Kunstwerke sind für ihren ursprünglichen Verwendungszweck mit Bedeutungen versehen worden, die zu einem möglicherweise religiösem Zeremoniell gehören und für den Wohnraum daher nicht geeignet sind.

Die Belastungen äußern sich in extremen Träumen oder Panik- und Angstsymtomen. Auch Unfälle und unerklärbare Begebenheiten werden geschildert.

Oft werden auch schreinartige Häuschen und ähnliches verkauft.

Da in einigen ärmeren Gegenden der Erde viele Teile der Bevölkerung verständlicherweise auf Urlauber schlecht zu sprechen sind, gibt es Vermutungen, daß einige der Bilder, die für Touristen wie an einem Fließband produziert werden, mit Negativem behaftet werden.

Siehe *Vorsicht.*

Im Garten: Auch der Garten kann sehr gut mit Kunst gestaltet werden. So können triste Wände bemalt und die Böden gestaltet werden.

Zuordnung

Material: –

Farbe: Jede

Element: Jedes. Sie können durch die Wahl des Bildes ein Element fördern oder hervorheben.

Bagua Zone: Mit der Wahl des richtigen Bildes kann jede Zone gestärkt, beruhigt und ausgeglichen werden.

Sie können durch die Farbe und die Motive gezielt eine Zone beleben.

Beachten Sie, wo Sie zum Beispiel religiöse Bilder oder aggressive Bilder aufgehängt haben. Besonders dann, wenn es in einem Bereich Probleme gibt.

Himmelsrichtung: Jede

Yin-Yang: Mit Bildern kann ein Yin-Yang-Ausgleich wiederhergestellt werden.

Vorsicht

Prüfen Sie bei Kunstwerken aus Urlauben oder aus einschlägigen Geschäften, wenn irgendwie möglich, die Bedeutung und die Herkunft.

Lassen Sie Ihr Gefühl sprechen!

Gibt es bereits Probleme, trennen Sie sich probeweise von dem Bild und prüfen Sie, ob die Situation sich bessert.

Alternative

Nehmen Sie Änderungen vor. Wechseln Sie die Bilder aus.

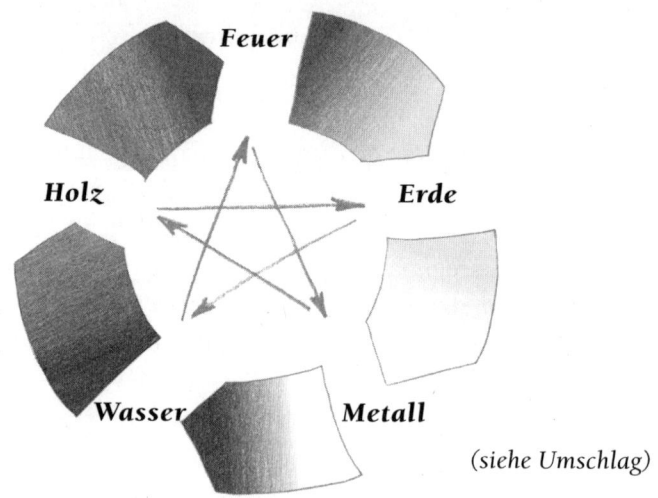

Feuer

Holz　　　*Erde*

Wasser　　*Metall*

(*siehe Umschlag*)

Farben

Über das Hilfsmittel

Mit Farben läßt sich wunderbar gestalten. Hier sind der Kreativität keine Grenzen gesetzt. Farben werden im traditionellen Feng Shui gezielt angewandt, deshalb ist es besonders wichtig, über die Bedeutung und Anwendung der Farben Bescheid zu wissen.

Traditionell werden die Farben Rot, Schwarz und Gold gezielt eingesetzt.

Symbolgehalt

Jede Farbe hat ihre eigene Symbolik. Zudem hat jede Farbe eine kulturspezifische Symbolik.

Wirkung

Allgemein: *Rot-, Orange-, Gelbtöne* gelten als warme Farben und sind somit aktivierend.

Blau- und Grüntöne sind kältere Farben und wirken beruhigend.

Speziell: *Schwarz* hat im traditionellen Feng Shui eine besondere Bedeutung. Es gilt, und das ist der Unterschied zu unserer westlichen Kultur, als Glücksfarbe, als Farbe der Freude. Sie hat eine ähnliche Bedeutung wie bei uns die Farbe Weiß. *Weiß* hingegen gilt im asiatischen Raum als Trauerfarbe und hat eine ähnliche Bedeutung wie hier die Farbe Schwarz.

Ich möchte mich in »Zuordnungen« und »Vorsicht« etwas genauer mit dem Einsatz der Farbe Schwarz befassen, da die Farbskala in der Feng Shui-Literatur oft übernommen wird, ohne auf die Bedeutung hinzuweisen.

Im Haus: Sie können im Haus die Farbgestaltung sehr vielfältig einsetzen.

Sie können nach Baguazonen, Himmelsrichtungen und zum Yin-Yang-Ausgleich sowohl großflächig Wände gestalten als auch nuanciert Akupunkturpunkte setzen. Dabei können Sie Kissen, Decken, Dekorationsgegenstände, Pflanzen mit bestimmter Blütenfarbe und vieles mehr verwenden.

Im Garten: Im Garten läßt sich wohl am einfachsten mit unterschiedlichen Blütenfarben gestalten. Hier gilt wie für das Haus: nach Baguazone, Himmelsrichtung und zum Yin-Yang-Ausgleich.

Zuordnung

Material: –
Farbe: –
Element: *Feuer:* rot
             Erde: gelb, orange, braun
             Metall: weiß, grau, silber, gold
             Wasser: blau, blaugrün, (schwarz siehe *Vorsicht*)
             Holz: grün, braun
Bagua Zone: 1: Lebensweg, Karriere: Wasserfarben, blau, blaugrün,
             (schwarz: siehe *Vorsicht*)
             2: Erde, Partnerschaft: gelb, orange, braun
             3: Familie: grün

4: Reichtum: grün, (gelb)

5: Zentrum: gelb, orange

6: Hilfreiche Freunde: silber, weiß, grau

7: Kinder: weiß, silber

8: Berg: grün, gelb, orange

9: Feuer: rot

Himmelsrichtung: NORDEN: blau, (schwarz: siehe *Vorsicht*)

SÜDEN: rot, rosa

OSTEN: grün, (gelb)

WESTEN: weiß, silber, grau

Yin-Yang: Je kühler und dunkler die Farbe ist, desto mehr Yin-Qualität hat sie.

Warme Farben wie Rot, Orange und Gelbtöne haben Yang-Qualität.

Vorsicht

Achtung in der Verwendung der Farbe Schwarz!

Schwarz wird oft für einen Bereich des Hauses empfohlen, der als Wasserbereich, als Lebensweg und Karriere bezeichnet wird. Dieser wird auch der Himmelsrichtung Norden zugeordnet. Dies ist die Baguazone 1.

In den traditionellen, asiatischen Regionen wird Schwarz in dieser Zone aber immer nuanciert verwendet. Die Farbe Schwarz wird sehr oft in der westlichen Feng Shui-Literatur ohne zu hinterfragen als Empfehlung angegeben.

Stellen Sie sich vor, Sie malen sich Ihren Lebensweg und Ihre Karriere schwarz aus – welche Assoziationen haben Sie, wenn Sie mit unserem kulturellen Hintergrund (Schwarz ist die Farbe des Todes und der Trauer) den Energiebereich oder Lebensweg schwarz an/ausmalen?

Gehen Sie sehr behutsam mit der Farbe Schwarz um.

Sind Sie ein Bluthochdruck-Patient, verwenden Sie Rottöne vorsichtig.

Alternative

Verwenden Sie »Wasserfarben«, wie blau und blaugrün.

Glücksmünzen

Über das Hilfsmittel

In Asien haben Feng Shui-Münzen eine große Bedeutung. Die Münzen sollten mit einem viereckigen Loch versehen und mit einem roten Band zusammengebunden sein. Erst durch die Verbindung mit dem Band entwickelt sich die glückbringende Energie.

Symbolgehalt

Münzen versinnbildlichen Reichtum und Wohlstand.

Wirkung

Allgemein: Glück, Wohlstand
Speziell: Münzen gelten im asiatischen Feng Shui als eine der besten Möglichkeiten, das finanzielle Glück zu fördern.

Münzen an der Türe symbolisieren Reichtum, der schon vorhanden ist.

Gerne werden die Glücksmünzen auch in der Handtasche getragen. Viele Asiaten schwören auf die Wirkung der Münzen.

Im Haus: Feng Shui-Münzen sollten an der Innenseite der Haustüre, beziehungsweise der Wohnungstüre an der Türschnalle aufgehängt werden. Es sollten drei Münzen, zum Beispiel drei chinesische Münzen, mit einem roten Faden zusammengebunden werden.

Hängen Sie die Münzen an die Außenseite der Türe, so gelten sie als Vorhersage für zukünftigen Wohlstand.

Sie können die Münzen auf die gleiche Weise auch an der Bürotüre anbringen.

Im Garten: –

Zuordnung

Material: Metall
Farbe: –
Element: Metall
Bagua Zone: –
Himmelsrichtung: Ist Ihre Eingangstüre im Westen oder Nordwesten, so gelten Münzen als besonders gewinnbringend.
Yin-Yang: Glücksmünzen entwickeln ihre Yang-Energie durch das rote Band.

Vorsicht

Drei Münzen genügen – vier oder fünf Münzen haben keine günstige Wirkung.

Hängen Sie nie Symbole, welche die Energie steigern sollen, an die Hintertüre ihres Hauses.

Hängen Sie nicht an jede Türe des Hauses Glücksmünzen – sie können so das Gleichgewicht des Hauses stören.

Beachten Sie ihre aktuellen Baguazonen und die Lage der Berg- und Wassersterne.

Alternative

→ Glöckchen

Glöckchen

Über das Hilfsmittel

Glocken und Glöckchen gelten in Asien als besonders effektive Feng Shui-Hilfsmittel.

Symbolgehalt

Das Klingen der Glocken symbolisiert Wohlstand und gute Nachrichten.

Wirkung

Allgemein: Glück

Speziell: Die glückfördernde Wirkung entfaltet sich wie bei den Münzen durch die Verbindung mit dem roten Band.

Glöckchen, außen angebracht, ziehen positives Chi an.

Im Haus: Im Unterschied zu den Münzen sollten Glöckchen außen an der Haustüre angebracht werden. Der Klang der Glöckchen soll das Glück in das Haus locken.

Im Garten: –

Zuordnung

Material: Metall, Keramik, Kristall

Farbe: –

Element: Metall, Erde

Bagua Zone: –

Himmelsrichtung: Ist die Eingangstüre im Westen oder Nordwesten, so gelten diese Richtungen als besonders günstig, da diese beiden Himmelsrichtungen dem Element Metall zugeordnet werden.

Der Norden eignet sich wie der Westen und der Nordwesten für Metallglöckchen.

Der Osten, der Südosten, der Süden, der Südwesten und der Nordosten eignen sich für Keramikglöckchen.

Yin-Yang: Yang

Vorsicht

Hängen Sie keine Glückssymbole an die Hintertüre.

Wollen Sie Glocken nach der Himmelsrichtung anbringen, überprüfen Sie, ob diese Objekte in die bei Ihnen aktuellen Baguazonen passen.

Achten Sie auch auf die Lage der Berg- und Wassersterne.

Alternative

→ Münzen

Persönliches

Über das Hilfsmittel

Unter persönliche Hilfsmittel verstehe ich alle Objekte und Gegenstände, zu denen Sie einen persönlichen Bezug haben.

Das können Fundstücke vom Strand, etwa Muscheln, genauso sein wie Zeichnungen Ihrer Kinder, Fotos oder Erinnerungen an liebe Menschen.

Symbolgehalt

Bei persönlichen Gegenständen ist die Symbolik natürlich sehr individuell. Der Symbolgehalt einer Bastelarbeit Ihrer Kinder hat eine sehr liebevolle und harmonische Bedeutung. Erinnerungsstücke an einen schönen Urlaub mit Ihrem Partner erzeugen schöne Erinnerungen und können Ihrer Beziehung sehr gut tun.

Wirkung

Allgemein: Angenehm, liebevoll, harmonisierend

Speziell: Die Wirkung des einzelnen Gegenstandes hängt ganz von diesem ab.

Der Anblick soll jedoch angenehm und nicht belastend sein.

Im Haus: Sie können im Haus sowohl nach Baguazone als auch nach den einzelnen Räumen persönliche Gegenstände plazieren.

Für Ihre Partnerschaft eignet sich sowohl die Partnerzone als auch das Schlafzimmer.

Für Ihre Kinder eignet sich das Kinderzimmer und die Zone »Kinder«.

Um die Karriere zu fördern, eignen sich der Bereich »Lebensweg, Karriere« und das Büro.

Im Garten: Im Garten können Sie genauso wie im Haus persönliche Objekte verwenden.

Zuordnung

Material: –

Farbe: Auch persönliche Objekte können, nach Farben ausgesucht, gezielt in verschiedenen Bereichen des Hauses plaziert werden.

Element: Das Element des Gegenstandes hängt vom Material des Objektes ab und von dessen Form.

Ein Gegenstand aus Metall eignet sich sowohl für Zonen mit Metallenergie, wie die Bereiche 6 und 7, als auch für den Karrierebereich.

Steine und Kristalle haben Erdenergie und eignen sich so für die Zone 2.

Eine rote Kerze paßt in den Feuerbereich.

Bagua Zone: 1. Karriere, Wasser: Hier passen z.B. Reisefotos, Wasserobjekte und -bilder, Muscheln usw.

2. Partnerschaft: Blumensträuße, gemeinsame Andenken, Hochzeitsfotos …

3. Familie: Familienfotos, Kinderzeichnungen …

4. Reichtum: Schalen, Kristalle, Kunstwerke …

5. Zentrum: Steine, Skulpturen, Muschelschalen …

6. Hilfreiche Freunde: Kristalle, Metallobjekte, Bilder …

7. Kinder: Metallobjekte, Kinderzeichnungen, Kunstwerke …
8. Kontemplation: Tonschalen, Krüge …
9. Weisheit: Kunstwerke, Kerzen …

Das sind nur einige Beispiele, wie die einzelnen Zonen mit persönlichen
Gegenständen gestaltet werden können.

Himmelsrichtung: Es ist gut, wenn Sie das Element der Himmelsrichtung bei der Gestaltung beachten.

Yin-Yang: Sie können das Yin-Yang-Gleichgewicht mit Hilfe von persönlichen Hilfsmitteln gezielt wieder herstellen. Verwenden Sie bei
einem Yang-Überschuß mehr Yin-Qualität und bei einem Yin-Über-
schuß Objekte mit mehr Yang-Qualität. Siehe »Yin und Yang« im Kapitel *Feng Shui*.

Vorsicht

Beachten Sie, welche Symbolik Sie in die einzelnen Zonen und Räume
bringen. Dominieren Ihre Kinder im Schlafzimmer in Form von Bildern
und Fotos, so kann es noch schwerer sein, »alleine zu zweit« zu sein.

Haben Sie Erbstücke, die eine für Sie belastende Erinnerung oder
unangenehme Gefühle erzeugen, so überlegen Sie sich, sich eventuell
von ihnen zu trennen.

Alternative

–

Schlußwort

Zum Abschluß dieses Buches möchte ich Ihnen noch ein paar Tips mitgeben.

Bevor Sie nach der richtigen Lösung für Ihr Problem suchen, analysieren Sie Ihr Problem!

Gehen Sie der Frage nach: Was ist mein Problem, mein Thema?

Notieren Sie stichwortartig alles, was Ihnen dazu einfällt!

Sprechen Sie das Problem laut aus, denn meist ist in der Formulierung auch ein Teil der Lösung enthalten!

Haben Sie dann Aussagen wie zum Beispiel: Ich habe zu wenig Energie, meine Karriere stagniert, ich fühle mich beengt, ich wünsche mir einen Partner oder Kinder, so weisen diese Feststellungen schon sehr deutlich auf den jeweiligen Lebensbereich oder auf eine Empfindung hin.

Geht es um einen Lebensbereich, analysieren Sie diesen vor Ort.

Geht es um Empfindungen, hat sich ein Versuch sehr bewährt, den ich in meinen Seminaren mache:

Skizzieren Sie sich Ihre Wohnung oder Haus und »gehen« Sie auf dem Papier gefühlsmäßig durch die Räume. Notieren Sie am Plan, wo sie positive und negative Empfindungen haben. Solche Empfindungen können sein: eng, dunkel, ungenutzt, zu hell, Sitzecke – dort sitze ich nie – und vieles mehr.

Und jetzt ein einfacher Trick, mit dem man oft zur Lösung kommt: Notieren Sie das genaue Gegenteil, zum Beispiel: eng – weit oder dunkel – hell, und Sie haben eine fast immer passende Lösung!

Dieser Versuch hilft besonders in den »eigenen vier Wänden«, denn dort erkennt man das Problem selber meist am schwersten. In so einem Fall ist eine Beratung sehr effektiv. Ebenso ist für umfangreichere Probleme eine persönliche Beratung empfehlenswert.

Ein weiterer wertvoller Tip ist: Ändern Sie nicht zu viel auf einmal, denn besonders als »Nicht-Fachfrau bzw. –mann« ist es sehr schwer festzustellen, welche Änderung gut und welche vielleicht falsch war, wenn das Ergebnis nicht wie erwünscht ausfällt.

Etwas sollte trotz allem bedacht werden: Ein Hilfsmittel ist sehr oft eine wertvolle Hilfe und Unterstützung, um vieles »ins Lot« oder Bewegung in einen Lebensbereich zu bringen und damit eine Weiterentwicklung herbeizuführen.

Ein Hilfsmittel kann im »Außen« etwas ändern, um so eine Entwicklung im »Innen« zu fördern. Es ersetzt jedoch nicht die Auseinandersetzung mit der eigenen Problematik, unseren ureigensten Themen – unserem »Innen«, denn unsere Wohnung, das Haus, unser Büro und unser Umfeld ist letztlich immer nur ein Abbild unseres inneren Zustandes.

Es ist wertvoll, in den uns umgebenden Bereichen, an den äußeren Strukturen zu arbeiten. Genauso wichtig ist es jedoch, unsere inneren »Strukturen« positiv weiterzuentwickeln.

Erst dann werden sich die Probleme, seien sie beruflicher, zwischenmenschlicher oder gesundheitlicher Natur, auflösen.

Danksagung

Mein Dank gilt besonders meinem Mann Olaf, ohne dessen sehr große Unterstützung und Hilfe bei der Arbeit am Computer dieses Buch nur erschwert zustandegekommen wäre!

Meinen Kindern Moritz und Samuel für ihre sehr liebevolle Unterstützung und meiner Freundin Andrea, die mir immer wieder sowohl mit aufbauenden Worten als auch mit ihrer journalistischen Kompetenz weitergeholfen hat.

Für die Weitergabe ihres umfangreichen Wissens danke ich meinen Lehrern:

William Spear, USA
Günter Sator, Österreich
Prof. Dr. Jes T. Y. Lim, China
Lillian Too, Malaysia
Grandmaster Yap Cheng Hai, Malaysia

Anhang

Das Buch
  Irene Kasemann:
  DAS FENG SHUI DER FLIEGENDEN STERNE
  FLYING STAR FENG SHUI
  Die Astrologie des Hauses
  (© 2001)

Ist erhältlich unter der E-mail Adresse

  irene.kasemann@feng-shui-international

Informationen auch unter

  http://www.feng-shui-international.com

Dieses Buch ist die erste umfangreiche Darstellung des »Feng Shui der Fliegenden Sterne« in der westlichen Welt. Es beinhaltet die gesamte Berechnung der Fliegenden Sterne, die Bedeutung der Sterne bzw. der Zahlen, die Bedeutung der Kombinationen der Zahlen und wie diese praktisch angewendet werden. Mit Beispielen zur Berechnung und zur Anwendung wird dies anschaulich dargestellt.
  Ab 2002 auch als Diskette erhältlich.

Literaturempfehlungen
Tomkins/Bird, »Das geheime Leben der Pflanzen«, dtv TB
Salocher/Buchser, »Enertree«, Knaur TB
Michael Gienger, »Lexikon der Heilsteine«, Neue Erde Verlag
Fred Hageneder, »Geist der Bäume«, Neue Erde Verlag
W. Spear, »Die Kunst des Feng Shui«, Knaur TB

Sie finden unsere Bücher in Ihrer Buchhandlung oder im Internet unter *www.neueerde.de*

Bücher suchen unter: *www.buchhandel.de* (hier finden Sie alle lieferbaren Bücher und eine Bestellmöglichkeit über eine Buchhandlung Ihrer Wahl).

Bitte fordern Sie unser Gesamtverzeichnis an unter

Ryvellus bei NEUE ERDE Verlag
Cecilienstr. 29 · D-66111 Saarbrücken
Fax: 0681 390 41 02 · info@neueerde.de